U0896796

本书受西安交通大学人文社会科学学术著作出版基金和中央高校基本科研业务费专项资金资助（Supported by “the Fundamental Research Funds for the Central Universities”）

趋势结构断点经济时间序列协整理论与应用研究

赵春艳　著

中国财经出版传媒集团
中国财政经济出版社

图书在版编目（CIP）数据

趋势结构断点经济时间序列协整理论与应用研究／赵春艳著．--北京：中国财政经济出版社，2022.6
ISBN 978－7－5223－1419－8

Ⅰ.①趋… Ⅱ.①赵… Ⅲ.①经济分析－时间序列分析－研究 Ⅳ.①F224.12

中国版本图书馆 CIP 数据核字（2022）第 079456 号

责任编辑：陆宗祥　　责任印制：史大鹏
封面设计：卜建辰　　责任校对：胡永立

中国财政经济出版社 出版
URL：http：//www.cfeph.cn
E－mail：cfeph@cfeph.cn

社址：北京市海淀区阜成路甲 28 号 邮政编码：100142
营销中心电话：010－88191522
天猫网店：中国财政经济出版社旗舰店
网址：https：//zgczjjcbs.tmall.com
北京财经印刷厂印刷 各地新华书店经销
成品尺寸：170mm×240mm 16 开 12.5 印张 201 000 字
2022 年 7 月第 1 版 2022 年 7 月北京第 1 次印刷
定价：62.00 元
ISBN 978－7－5223－1419－8
（图书出现印装问题，本社负责调换，电话：010－88190548）
本社质量投诉电话：010－88190744
打击盗版举报热线：010－88191661 QQ：2242791300

PREFACE前言

传统时间序列计量经济学理论认为，宏观经济时间序列是趋势平稳的。即时间序列的长期趋势是时间的一个确定函数，时间序列值一般会围绕着它的趋势变动，任何随机冲击都是暂时的，不会改变总量的长期变动路径。单位根过程的思想及检验方法的提出，对这一理论造成了巨大冲击。单位根理论认为，对于单位根序列来说，任何随机冲击都会对序列造成永久性的影响。实证研究发现，许多宏观经济序列经单位根检验方法检验都显示为单位根过程。然而，Perron（1989）首次指出，若时间序列数据是由含结构变动的趋势平稳过程，则单位根检验可能会得出相反的结论，认为是单位根过程，而不是有结构断点的趋势平稳过程。由此，趋势结构断点问题引起学者们的关注，正确识别序列的性质具有重要意义。

许多证据表明，有趋势的经济时间序列会随时间发生结构突变，并导致序列的增长率在不同时间段下不相同，趋势代表经济序列所遵循的持续稳定的变动态势，结构性变动代表由于技术进步、制度变迁、危机冲击等因素造成的原有态势的改变。改革开放以来，我国经历了几次重大的结构调整和制度变迁，许多宏观经济序列的趋势中包含了结构变化。

显然，经典的单位根及协整检验模型往往不能准确刻画上述特征，造成对宏观经济序列变动特征及相关关系的错误判断；而现有关于趋势结构断点序列的研究存在的问题包括：大多数文献用虚拟变量或分段拟合方法表示结构断点，这样表示的结构断点是突变的、离散的，断点前后的趋势是折断的，这与实际经济序列连续的、平滑转变特征不符；对于趋势结构断点序列的单位根检验，大多用基于线性模型的ADF统计量检验，检验模型与序列非线性特征不符，而少数基于虚拟变量或机制转换类模型表示结构断点而进行的单位根检验又往往没有后续的协整检验研究。事实上，针对趋势结构断点序列，目前并没有形成系统性建模理论，影响了对这类序列波动规律及相互关系的判断，在实证分析中容易得出错误结论。基于此，建立一套从单位根检验到协整分析或回归分析的系统性的趋势结构断点序列建模理论，具有重要的理论意义及应用价值。

本书针对趋势结构断点序列的协整及相关问题展开深入研究。首先，基于 logistic 函数表示结构断点，认为经济时间序列的结构断点是连续的、平滑转换的，基于此给出单位根模型、检验统计量及临界值；其次，在两个变量都存在趋势结构断点条件下，给出它们的包含趋势、结构断点的协整模型、检验统计量及分布，考虑了一个结构断点及两个结构断点情况，解决了断点个数识别问题；再次，在多个变量都存在趋势结构断点条件下，给出它们的包含趋势、结构断点的协整模型、检验统计量及分布；最后，针对平稳的趋势结构断点序列，提出回归模型及检验统计量。同时，相关的理论与方法被应用于实际经济问题的实证分析中。

本书研究贡献在于：(1) 基于 logistic 函数提出趋势结构断点序列单位根检验模型。现有文献多利用虚拟变量表示结构断点，这样表示的结构断点是折断的、离散的，而经济类时间序列的结构变动往往是连续的、平滑的，利用 logistic 函数表示结构断点，体现断点的平滑性，并能内生确定。趋势结构断点序列是非线性时间序列，基于线性模型的 ADF 统计量不适合用于其单位根检验。借用 logistic 函数、平滑转换回归模型（STR）思想提出趋势结构断点序列单位根检验模型，解决了趋势结构断点序列单位根检验问题，是对单位根检验理论的拓展。(2) 拓展了时间序列平稳性的内涵。趋势结构断点序列是非线性时间序列，而传统的时间序列平稳性概念及经典的基于线性模型的 ADF 统计量显然不适合这类序列。本书针对趋势结构断点序列，提出其平稳性的含义，是对传统的平稳性概念的拓展。(3) 提出趋势结构断点序列协整方程及检验统计量。基于线性模型的 EG 及 JJ 协整检验方法，不适用于趋势结构断点序列的协整检验。在单变量及协整关系存在结构断点的条件下，本书将线性模型与 STR 模型结合，提出包含趋势及结构断点的两变量及多变量的协整方程及检验统计量。解决了趋势结构断点序列建模问题，是对线性协整理论与方法的深入。(4) 解决了统计检验中多结构断点识别问题。在多结构断点时，转换函数的三阶泰勒展式是无法识别的，这给多结构断点下的统计检验问题带来困难。本书利用 Bootstrap 方法解决了单位根检验时，多结构断点识别问题；利用 F 统计量自由度的改变解决了协整检验时多结构断点识别问题。

总之，本书旨在完善趋势结构断点序列的协整理论与方法。本书将趋势结构断点序列的单位根及协整检验问题放在一个框架下进行，在单位根检验基础上，提出适合趋势结构断点序列的协整方程及检验方法，从而在原始序列中研究它们的包含结构断点的长期均衡关系，完善趋势结构断点序列协整问题研究，是对基于线性模型的、经典的单位根及协整检验理论与方法的拓展与充实。

在本书的写作过程中，得到了我的学生郭冉、同瑶、张艺展在数据分析和编程方面的帮助，与已毕业的严方笠博士就相关问题讨论过程中也受到了启发，在此一并表示感谢。本书是上一本《平滑转换自回归模型理论与方法》的姊妹篇，是近 5 年研究成果的总结。

当然，由于水平有限，书中难免有错误与不妥之处，恳请读者批评指正。

赵春艳

2021 年 11 月于西安交通大学

CONTENTS 目录

第一章 绪 论

第一节 研究背景与研究意义

一、研究背景

时间序列计量经济学起源于20世纪40年代Wiener和Kolmogorov提出的时间序列分析理念。他们提出了时间序列模型的参数估计及推断方法，但这些方法最初多应用于工程领域。1976年Box和Jenkins发表了专著《时间序列分析：预测和控制》，使时间序列分析方法开始应用于经济管理领域，简称B－J理论。B－J理论是针对平稳数据提出的，主要包括自回归（AR）模型、移动平均（MA）模型以及自回归移动平均（ARMA）模型等。

世界经济的迅速发展使越来越多的经济数据呈现出非平稳的态势，给古典计量分析带来了重大的冲击，主要表现在：基于OLS的参数估计准确性降低，出现伪回归现象等。计量经济学家开始寻找原因及解决方法。Newbold和Granger（1974）用蒙特卡洛试验方法证实，单位根的存在是伪回归的根本原因。此后，单位根检验及单位根数据的建模理论和方法成了学者们的研究重点（赵春艳和文新雷，2020），其中，最为著名的是Dickey和Fuller于1979年提出的DF检验，以及Engle和Granger于1984年提出的协整检验理论。此后近十年里，单位根及协整检验方法被广泛地应用到经济学的实证研究中。

然而，协整模型作为线性模型也逐渐呈现出它的局限性，许多经济现象不再能用线性模型来描述。随着分析需求的日益复杂，各种非线性时间序列模型如雨后春笋般涌现出来，他们往往具有更复杂的模型形式，需要借助各种统计软件和程序来实现复杂的参数估计，但由于它们能更好地描述经济的运行规律，因而被广泛应用。

传统时间序列计量经济学理论认为，宏观经济时间序列是趋势平稳的，即时间序列的长期趋势是时间的一个确定函数，时间序列值一般会围绕着它的趋势变动，任何随机冲击都是暂时的，不会改变总量的长期变动路径。单位根（unit root）过程的思想及检验方法的提出，对这一理论造成了巨大冲击。单位根理论认为，对于单位根序列来说，任何随机冲击都会对序列造成永久性的影响。实证研究发现，许多宏观经济序列经单位根检验方法检验都显示为单位根过程。然而，Perron（1989）首次指出，若时间序列数据是含结构变动的趋势平稳过程，则单位根检验可能会得出相反的结论，认为是单位根过程，而不是有结构断点的趋势平稳过程。由此，趋势结构断点问题引起学者们的关注。

许多证据表明，有趋势的经济时间序列会随时间发生结构突变，并导致序列的增长率在不同时间段下不相同。宏观经济时间序列的趋势中往往包含结构性变动特征，趋势代表经济序列所遵循的持续稳定的变动态势，结构性变动代表由于技术进步、制度变迁、危机冲击等因素造成的原有态势的改变。改革开放以来，我国经历了几次重大的结构调整和制度变迁，许多宏观经济序列的趋势中包含了结构变化。如果忽视结构变化，使用以结构不变为前提的线性模型实证分析中国的经济关系，其所揭示的经济意义很有可能是错误的。

广泛应用的基于结构不变的线性模型的单位根及协整检验模型往往不能准确刻画上述特征，而现有关于结构断点研究中存在的问题有：大多用虚拟变量或分段回归表示结构断点，这样表示的结构是突变的、断点前后的趋势是折断的，这与实际经济变动特征不符；对于趋势结构断点序列的单位根检验，大多用基于线性模型的 ADF 统计量检验，检验模型与序列非线性特征不符，而少数基于虚拟变量或机制转换类模型表示结构断点而进行的单位根检验又往往没有后续的协整检验研究；对于机制转换函数表示结构断点的协整检验研究，往往先建立线性协整模型，然后在其残差中建立机制转换类模型表示结构断点，也就是说，协整检验限于残差项而不是序列原始值。

事实上，针对趋势结构断点序列，目前并没有形成系统性建模理论，影响了对序列波动规律及相互关系的判断。基于此，建立一套从单位根检验到协整分析或回归分析的系统性的趋势结构断点序列建模理论，具有重要的理论意义及应用价值。

二、国内外相关研究的学术史梳理及研究动态

（一）关于趋势结构断点序列的单位根检验

Perron（1989）首次指出，当检验模型考虑结构断点特征后，往往会得到与ADF检验相反的结论。在假定结构断点已知情况下，提出了序列的单位根检验统计量，而且证实，许多原认为单位根序列，其实是有结构断点的趋势平稳序列。越来越多的研究开始在单位根检验时考虑结构断点的问题，大致可分为两类：

第一类，基于虚拟变量或分段函数刻画结构断点。这类研究认为序列趋势结构是突变的。Perron（1989）认为结构断点是已知的、外生决定的，当然，这是其研究的一个缺陷，Zivot 和 Andrews（1992）对其进行了修正，认为结构断点可以内生确定，并考虑一个断点条件下的单位根检验统计量；Perron（1997），Kim 和 Perron（2006），Cavaliere 等（2011）构建了多种单个结构断点模型，并给出不同类型的单位根检验统计量；Lumsdaine 和 Papell（1997），Lee 和 Strazicich（2003），Carrion - i - Silvestre 等（2009），Narayan 和 Popp（2010），Harvey 等（2013），Cavaliere 等（2015）构建了多种多结构断点模型，并给出不同类型的单位根检验统计量。

第二类，基于机制转换类模型的单位根检验。认为序列趋势结构变化是平滑的，结构断点序列属于非线性时间序列，协整理论属于时间序列非平稳性问题研究。关于非平稳及非线性的联合研究成为时间序列计量经济学前沿发展方向之一。机制转换类模型是非线性时间序列分析中重要的研究内容，因为机制转换能描述序列运动态势的改变，与结构断点的特征相符。所以一些研究开始使用机制转换类模型表示结构断点。

常见的机制转换类模型有马尔科夫机制转换模型（MSR）、阈值自回归模型（TAR）、平滑转换回归模型（STR）等，这类模型通过转移概率、分段拟合、非线性函数等方式确定结构断点，描述变量从一种机制向另一种机制转换。Sandberg（2016）假设序列由趋势项和随机项构成，并将随机项定义为时变平滑转换模型（TVP - STR），基于此提出 F 型单位根检验统计量，实现了单结构断点非线性模型下的平稳性检验。Sandberg（2018）将其研究拓展

到多结构断点框架下，提出了非线性趋势动态平滑转换模型（NLT - DST），并给出 Wald 型单位根检验统计量。类似的研究还有 Skalin 和 Teräsvirta（2002）、Park 和 Shintani（2016）等。

（二）关于趋势结构断点序列的协整检验

继线性协整理论与方法得到应用后，非线性协整理论与方法研究引起学者们的关注。趋势结构断点序列属于非线性时间序列，关于这类序列的协整模型，与描述结构断点的模型相对应，分为两类：

一类是引入虚拟变量表示结构断点、进而建立协整模型。模型中结构断点个数、是否已知断点时间等存在较大差异。Gregory 和 Hansen（1996a）研究了结构断点对协整检验的影响并指出，当序列中存在结构断点而未加考虑时，协整检验可能会得出错误的结论，由此提出了三个基于残差的协整检验统计量，检验模型中包含一个未知的结构断点；Lütkepohl 等（2004）提出了一个在 VAR 框架下存在一个未知断点的协整秩检验方法。后续的研究拓展到多个结构断点的协整检验问题，Johansen 等（2000）构建了存在多个已知断点的 VAR 模型，断点用线性趋势的斜率项中引入虚拟变量表示，而且假定所有变量结构断点时间是已知的、相同的，在此框架下利用降秩回归进行协整分析，得到了秩检验统计量的渐进分布与临界值。

另一类是用机制转换类模型表示结构断点及协整模型。Balke 和 Fomby（1997）提出基于 TAR 模型的三机制转换协整方程，假定序列的中间部分有单位根而整体是几何遍历的；基于 STR 模型的协整理论以 Granger 和 Teräsvirta（1993）为开创性研究；Psaradakis 等（2004）研究了基于马尔科夫链误差修正模型的协整检验问题，认为向长期均衡水平的回复是非对称的。

（三）关于趋势结构断点序列模型的应用

许多学者将结构断点模型应用于宏观经济序列的实证分析中，主要研究发现有：多数宏观时间序列中存在结构断点。Zarei（2015）发现比利时、加拿大、法国、日本 55 年来汇率均存在 3 ~ 5 个不等的断点；考虑结构断点后，传统检验所认为的非平稳序列可能属于包含结构断点的趋势平稳序列。Sanderberg（2016）对 214 个美国宏观经济数据进行单位根检验，考虑结构断点后拒绝单位根的比例达 50%，而 ADF 检验的拒绝率只有 12%；考虑趋势结构断点前后，协整检验的结论可能会不同。Westerlund 和 Engerton（2007）考察了货币需求函数的稳定性，发现不考虑结构断点时序列间没有协整关系，而考虑结构断点后则存在协整关系。

综上所述，目前关于趋势结构断点序列协整理论及应用的研究已取得丰富成果，但仍存在诸多不足：

问题一：在建模理论体系方面，尚未形成系统性的建模理论。结构断点识别、单位根检验、协整检验研究往往是各自独立进行的，尚未形成在趋势结构断点序列单位根检验的基础上对非平稳序列应进行协整分析的建模逻辑，没有形成类似于传统协整分析的完善的建模体系。因而，影响了趋势结构断点序列模型的应用及推广。

问题二：机制类结构断点协整模型检验多基于残差序列而不是原始序列。对于趋势结构断点序列的协整检验研究，往往先建立线性协整模型，然后在其残差中建立机制转换类模型表示结构断点，也就是说，协整检验限于残差项而不是序列原始值。这在一定程度上会造成对序列变动规律及变量间协整关系的错误判断。

问题三：在单位根检验方面，对断点的假定及研究方法存在偏差。绝大多数研究在线性模型中引入虚拟变量表示结构变化，由此得到的结构是突变的、断点前后的趋势是折断的，而经济序列的结构变化通常是连续的、平滑的；大多数研究利用 ADF 统计量对趋势结构断点序列进行单位根检验，显然是不合适的。趋势结构断点序列是非线性序列，而 ADF 统计量是基于线性模型的，检验方法与序列特征不符。

本书系统研究趋势结构断点序列的协整理论与应用问题。首先，提出基于 logistic 函数的结构断点序列单位根模型、检验统计量，并给出其分布；其次，研究若干有趋势结构断点单位根序列的协整检验问题，给出模型形式、检验统计量及分布。目的是将现有文献中未提及的问题进行深入研究，也就是说，先找出原始变量有趋势结构断点的单位根，然后用这些变量建立包含趋势结构断点的协整方程。事实上，要解决的问题是：若干变量各自有趋势及结构断点，它们之间存在有结构断点的长期均衡关系，如何将这种关系刻画出来。

因此，本书针对以上问题展开深入研究，以 logistic 函数表示结构断点，认为结构断点是平滑的、内生的，在线性模型与 STR 模型结合框架下建立多结构趋势断点模型，先进行单位根检验，在此基础上研究非平稳序列间的协整问题及平稳序列间的回归问题，从而完善趋势结构断点序列的建模理论，并加以实证应用。

三、学术价值和应用价值

（一）学术价值层面

趋势结构断点属于非线性时间序列研究范畴，在其中又夹杂着非平稳的问题。显然，标准的单位根检验（如 ADF 检验）和 E－G、JJ 协整检验方法，不能有效应用于非线性及非平稳过程的检验中。在非平稳、协整、非线性问题研究中，有两个问题值得关注：一是标准的线性检验统计量在平稳非线性检验中功效降低；二是非平稳及非线性条件下，检验统计量会出现势值（size）偏差，可能误判为平稳过程。因此，针对非线性及非平稳的趋势结构断点序列，构建非线性、非平稳及协整关系的检验逻辑及统计量具有重要的意义，也是本书研究的重点和难点。

首先，完善趋势结构断点序列建模理论。将线性协整理论拓展，建立趋势结构断点序列的系统性建模理论体系。建立从模型形式、到结构断点识别、再到单位根检验，然后到协整分析的系统性建模逻辑，以及给出每一部分内容的检验统计量、分布、临界值等，从而完善趋势结构断点序列的建模理论。

其次，拓展时间序列平稳性的内涵。趋势结构断点序列是非线性时间序列，应该有其适合的单位根检验理论与方法。本书基于 logistic 函数及 STR 模型提出趋势结构断点序列模型，给出在其中进行单位根检验的统计量、分布及临界值，完善趋势结构断点序列的单位根理论与方法，拓展了时间序列平稳性的内涵，平稳的时间序列不仅仅是基于线性模型的。

最后，拓展非线性时间序列序列的协整理论。将线性模型与 STR 模型结合，提出趋势结构断点序列的协整方程、协整检验统计量、分布、临界值等，从而能更准确地描述宏观经济序列间相关关系，这是对基于线性模型的、经典的单位根及协整检验理论与方法进行拓展与充实。趋势结构断点序列协整研究属于非线性时间序列计量经济学研究范畴。人们意识到许多经济现象呈现非线性特征，计量经济学用不同模型研究非线性现象，本书可看作是其中的内容。

（二）应用价值层面

我国许多宏观经济时间序列会显示趋势结构变动特征，考虑趋势结构断点后，依据所提出的建模理论进行协整分析，能够得到更适合的模型及更可靠的估计参数，有助于更准确地捕捉经济序列间的变动关系，对经济预测及决策具有重要的现实指导意义。在第四章将趋势结构断点序列单位根检验理论与方法应用于我国宏观经济数据的结构断点识别及平稳性检验；在第五章、第六章的实证分析中，分别将所提出的理论与方法应用于我国城镇居民消费函数以及货币需求函数实证分析中，均内生性检测出协整关系中的结构断点，能更准确地描述变量间的关系。

第二节 研究思路与研究方法

一、研究思路

本书遵循“问题提出—理论研究—实证应用”研究思路：

第一步，本书在对现有文献进行梳理的基础上，指明现有研究的不足及空白，确定需要建立趋势结构断点序列的系统性建模理论。第二步，提出趋势结构断点序列进行单位根检验理论与方法。以 logistic 函数表示结构断点，提出包含趋势及结构断点序列的模型，并在其中进行单位根检验，给出单位根检验的统计量、分布及临界值。第三步，提出非平稳两变量趋势结构断点序列间协整分析理论与方法。给出协整检验的方程、检验统计量及其分布和临界值，考虑一个转换函数及两个转换函数情况。第四步，提出非平稳多变量趋势结构断点序列间协整分析理论与方法。给出协整检验的方程、检验统计量及其分布和临界值，考虑一个转换函数及两个转换函数情况。第五步，提出平稳的趋势结构断点回归分析理论与方法。给出模型形式、参数估计方法及残差检验统计量、分布和临界值。

二、研究方法

1. 计量经济学前沿方法。本书将维纳过程、泛函中心极限定理、蒙特卡洛模拟试验、非线性脉冲响应函数以及多种非参数 Bootstrap 抽样方法等计量经济学前沿方法，应用于趋势结构断点序列单位根检验及协整检验统计量分布、临界值及其有限样本性质的分析。

2. 比较分析法。本书提出的单位根检验统计量、协整检验统计量的有限样本性质分别与 ADF、线性回归的性质进行比较，说明检验中考虑趋势结构断点的重要性。

第三节 研究内容与研究框架

一、研究内容

本书以线性协整检验理论为基础，构建趋势结构断点序列的系统性建模逻辑，具体包括：从以 logistic 函数表示结构断点、建立多结构趋势断点模型，到结构断点识别，到单位根检验，再到协整分析，从而形成系统性建模逻辑。对结构断点识别、单位根检验、协整检验、回归分析等内容，给出检验统计量、分布、临界值等，从而形成趋势结构断点序列系统性的建模理论。

本书以趋势结构断点序列的建模理论与应用为研究对象。在理论方面，研究模型形式、结构断点识别、单位根检验、线性检验、多变量序列协整分析等问题；在应用方面，将研究成果应用于实证研究中。具体内容如下：

第一章，绪论。通过对相关研究文献的梳理，引出本书研究背景与研究意义。

第二章，文献综述。趋势结构断点序列的协整问题沿不同方向在进行，本章仔细梳理各条研究的历史、现状，旨在理清它们之间的关系，并引出本书研究的视角及问题。

第三章，理论基础。本章梳理了在趋势结构断点序列单位根及协整检验中要用到的理论，包括维纳过程、泛函中心极限定理、蒙特卡洛模拟试验法、Bootstrap 方法、广义脉冲响应函数等，对非线性时间序列的平稳性给出新的定义，为后续研究奠定理论基础。

第四章，趋势结构断点序列单位根理论与检验。提出适合趋势结构断点序列的单位根检验模型、统计量及分布，用蒙特卡洛模拟试验得到统计量临界值，并对统计量的有限样本性质进行检验。同时，Bootstrap 方法模拟单位根检验统计量临界值，并解决多结构断点识别问题；最后，将研究成果应用于若干宏观经济时间序列的断点识别及单位根检验中。

第五章，两变量趋势结构断点序列协整理论与方法。在两变量存在趋势结构断点特征条件下，给出它们的包含趋势结构断点的协整方程、检验统计量及分布，考虑了一个结构断点及两个结构断点的情况，并对统计量的有限样本性质进行检验，将研究成果应用于我国城镇居民消费函数实证分析中。

第六章，多变量趋势结构断点序列协整理论与方法。在多变量存在趋势结构断点特征条件下，给出它们的包含趋势结构断点的协整方程、检验统计量及分布，考虑了一个结构断点及两个结构断点的情况，并对统计量的有限样本性质进行检验，将研究成果应用于我国货币需求函数实证分析中。

第七章，平稳趋势结构断点序列回归理论与方法。在分析平稳趋势结构断点序列数理特征基础上，给出两变量、多变量平稳趋势结构断点序列回归模型、检验统计量。

第八章，研究结论与展望。对本书主要研究结论进行总结，并对未来研究提出展望。

二、研究创新点

本书的创新点主要体现在以下几点：

第一，基于 logistic 函数提出趋势结构断点序列单位根检验模型。现有文献多利用虚拟变量表示结构断点，主要表示的结构断点是折断的、离散的，而经济类时间序列的结构变动往往是连续的、平滑的，利用 logistic 函数表示结构断点，体现断点的平滑性，并能内生确定。趋势结构断点序列是非线性时间序列，基于线性模型的 ADF 统计量不适合用于其单位根检验。借用 logistic 函数、平滑转换回归模型（STR）思想提出趋势结构断点序列单位根检验模型，解决了趋势结构断点序列单位根检验问题，是对单位根检验理论的拓展。

第二，拓展了时间序列平稳性的内涵。趋势结构断点序列是非线性时间序列，而传统的时间序列平稳性概念及经典的基于线性模型的 ADF 统计量显然不适合这类序列。本书针对趋势结构断点序列，提出其平稳性的含义，是对传统的平稳性概念的拓展。

第三，提出趋势结构断点序列协整方程及检验统计量。基于线性模型的 EG 及 JJ 协整检验方法，不适用于趋势结构断点序列的协整检验。在单变量及协整关系存在结构断点的条件下，本书将线性模型与 STR 模型结合，提出包含趋势及结构断点的两变量及多变量的协整方程及检验统计量。解决了趋势结构断点序列建模问题，是对线性协整理论与方法的深入。

第四，解决了统计检验中多结构断点识别问题。多结构断点时，转换函数的三阶泰勒展式是无法识别的，这给多结构断点下的统计检验问题带来困难。本书利用 Bootstrap 方法解决了单位根检验时，多结构断点识别问题；利用 F 统计量自由度的改变解决了协整检验时多结构断点识别问题。

三、研究框架

研究框架与技术路线见图 1－1。

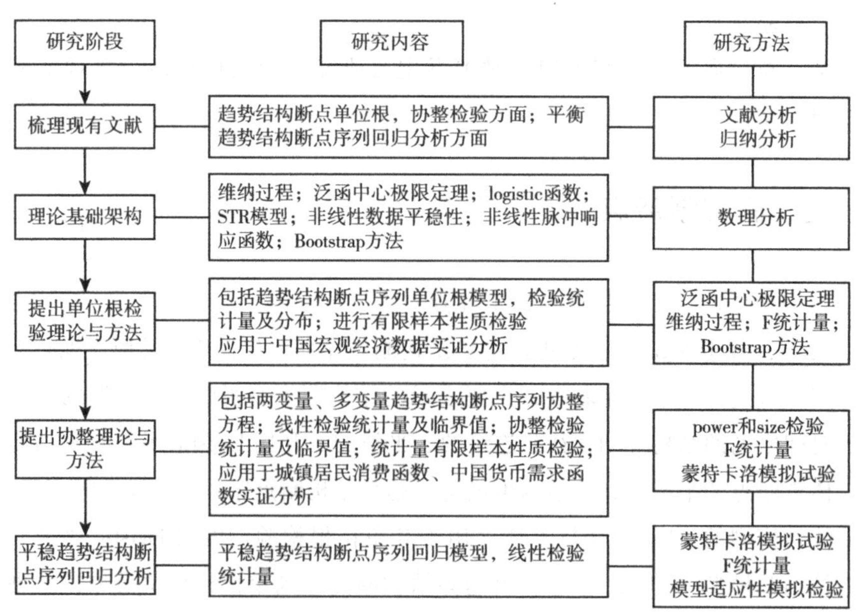

图 1－1　研究框架与技术路线

第二章　文献综述

第一节　趋势结构断点序列单位根检验

经典的单位根检验理论与方法是建立在线性模型基础上的，如 ADF、PP 检验等，后续的研究进一步考虑了序列的非线性趋势以及结构变化。这一方面是单位根检验内涵的扩展；另一方面能够使检验数据的形式更符合实际数据生成过程，从而更准确地模拟经济数据的变动态势。Perron（1989）进行了开创性的研究，其允许序列中存在由于外部冲击引起的结构性变化，这种外生变化可以存在于原始序列中或者增长率中，通过在模型截距及斜率中引入外生变量的形式来体现。经济变量中的结构断点往往是由一些突发事件引起的，如 1929 年的股市危机、1973 年的石油价格变动、2008 年全球性金融危机等，致使国际经济秩序以及政策改变，进而导致经济时间序列发生结构性变化。这些变化都是由外部冲击引起的，且具体的冲击时间是已知的，因此，模型中引入的结构断点是外生的、已知的。根据结构断点的表示方式，考虑结构断点的单位根检验主要分为两类：一类是用虚拟变量表示结构断点下的单位根检验；另一类是基于机制转换模型的单位根检验。

一、虚拟变量下的趋势结构断点序列单位根检验

Perron（1989）提出，当假设模型中只包含一个原始序列的外生结构断点时，将其参数化得到的模型形式为式（2-1）：

$$y_t = \mu + y_{t-1} + \delta D(T_B)_t + e_t \tag{2-1}$$

其中，T_B 为一个已知的结构断点，当 $t \geqslant T_B+1$ 时，$D(T_B)_t=1$；否则，$D(T_B)_t=0$。其备择假设为，y_t 是一个包含确定线性趋势的平稳过程，用式（2-2）表示：

$$y_t=\mu+\beta t+\theta Du_t+e_t \tag{2-2}$$

当 $t>T_B$ 时，$Du_t=1$；否则为0。结合式（2-1）和式（2-2），得到基本检验式：

$$y_t=\mu+\theta Du_t+\beta t+\delta D(T_B)_t+\alpha y_{t-1}+\sum_{i=1}^{k}c_i\Delta y_{t-i}+e_t \tag{2-3}$$

式（2-3）中，原假设为 H_0：$\alpha=1$，$\beta=0$，$\theta=0$，即 y_t 为单位根过程；备择假设为 H_1：$\alpha<1$，$\beta\neq0$，$\theta\neq0$，即 y_t 为趋势平稳过程，利用 t 统计量对 $\alpha=1$ 进行检验。可见，通过在常数项中引入虚拟变量，实现了结构断点的表示及单位根检验。接受 H_0 表示有趋势及结构断点的单位根过程，而接受 H_1 表示有趋势及结构断点的平稳过程。

Perron（1997）认为，虽然许多外生事件会对经济数据产生影响，导致结构变化，但是仍存在部分外生事件对数据没有影响，不会导致结构变化。因此，结构断点的选择应该看作是与数据有关的，要根据数据本身特征作出判断。Perron（1997）给出了需要依据数据确定一个转换点 T_B 的检验模型，并且将其应用于11个宏观经济数据的单位根检验中，在确定转换点以及滞后阶数的基础上，检验发现有5个经济序列拒绝了单位根的原假设。

后续的研究在Perron（1989）研究基础上，对模型形式进行了不同的改进。典型的代表有ZA（Zivot 和 Andrew，1992）、LP（Lumsdaine 和 Papill，1997）、LM（Lee 和 Strazicich，2003）检验等。ZA检验和LP检验都认为结构断点可以内生决定，前者考虑一个结构断点情况，后者考虑两个结构断点情况。但是，ZA和LP检验在拒绝原假设的情况下，序列总体仍然可能具有单位根，没有考虑趋势平稳情况，因而，学者们对两种检验的可信度提出质疑。为弥补两种检验的不足，LM被提出而且考虑两个结构断点的情况。在LM检验中，原假设被拒绝是可明确得出总体为分段趋势平稳过程的结论；LM检验中，结构断点不是内生决定而是外生决定，这是它的不足。因为，在现实经济中，根据现有信息确定时间序列是否发生结构变动以及变动的次数总是不可靠的。为此，BP（Bai 和 Perron）通过sup wald统计量，考虑多结构断点且内生决定，包括断点估计值的连续性、断点置信区间估计以及断点次数检验等。

Harvey 等（2013）提出了多结构断点趋势序列的单位根检验模型，如式（2－4）：

$$y_t = \mu + \beta t + \boldsymbol{\gamma}'\mathbf{DT}_t(\boldsymbol{\tau}_0) + u_t, t = 1, 2, \cdots, T \tag{2-4}$$

$$u_t = \rho_T u_{t-1} + \varepsilon_t, t = 2, \cdots, T \tag{2-5}$$

其中，$\mathbf{DT_t}(\tau_0) = [DT_t(\tau_{0,1}), \cdots, DT_t(\tau_{0,m})]'$，里面的元素 $DT_t(\tau)$ 是工具变量，有 $DT_t(\tau) = 1(t > [\tau T])(t - [\tau T])$，$\tau_0 = [\tau_{0,1}, \cdots, \tau_{0,m}]'$是趋势结构断点比向量，表示不同结构断点的比例，$\boldsymbol{\gamma} = (\gamma_1, \cdots, \gamma_m)'$为结构转变程度参数。由此，不同结构断点间得以用不同线性趋势模型表示。单位根检验采取的是 GLS 去趋势的方式，即对 $y_t - \mu - \beta t - \boldsymbol{\gamma}'\mathbf{DT}_t(\boldsymbol{\tau}_0)$ 后的序列采用 ADF 检验统计量进行平稳性检验，模拟仿真实验结构表明，该检验统计量具有较好的功效。同样的研究还有 Cavaliere 等（2011，2015）、Harvey 等（2012）、Carrion－i－Silvestre 等（2009）。

二、机制转换类趋势结构断点序列单位根检验

随着时间序列非对称问题研究的深入，一些学者尝试将结构断点问题与非对称问题的研究相结合。关于非对称性问题的研究产生于对经济周期的观察中，研究发现经济波动在扩张期与收缩期的性质存在差异。例如，这两个时期经济的波动幅度、持续时间是不同的，而且抑制扩张要比启动收缩更容易等。描述这种现象的模型有门限自回归模型（TAR）、平滑转换回归模型（STR）等。两种模型从性质上说具有一定的相似性，即都描述了变量从一个机制到另一个机制的转换，而不同的是，TAR 模型的机制转换是跳跃的、间断的，而 STR 模型的机制转换是连续的、平滑的。

机制间的转换本身就包含了结构变化的信息，因此，越来越多的学者尝试将机制转换模型引入结构断点问题的研究中。Skalin 和 Teräsvirta（2002）、Sandberg（2016）认为，在检验非对称性和结构变化前应该先检验平稳性。显然，在进行线性检验前，平稳过程及单位根过程检验统计量的分布是不同的。介于本书研究视角，对基于 STR 模型的单位根检验进行梳理。Sandberg（2016）的贡献在于将单位根检验与机制转换、结构断点相结合。设 y_t 序列由两部分组成，趋势项（T_t）和随机项（X_t），具体表达式如式（2－6）。

$$Y_t = T_t + X_t, t = 1, 2, \cdots, T \tag{2-6}$$

其中，趋势项部分 $T_t = \beta' D_t$，$\beta = (0, \beta_0, \beta_1, \cdots, \beta_q)'$ 表示未知参数，$D_t = (0, 1, t, \cdots, t^q)'$ 中 $-1 < q < q^*$。

随机项部分定义为一阶时变平滑转换回归模型（TV－STR），如式（2－7）：

$$\begin{aligned} X_t = & [\varphi_1 X_{t-1}(1 - G_1(\cdot)) + \varphi_2 X_{t-1}(G_1(\cdot))][(1 - G_2(\cdot)] + \\ & [\varphi_3 X_{t-1}(1 - G_1(\cdot)) + \varphi_4 X_{t-1}(G_1(\cdot))] G_2(\cdot) + \varepsilon_t, \end{aligned} \tag{2-7}$$

$t = 1, 2, \cdots, T$

其中，转换函数 $G_1(\cdot) = G_1(S_t; \gamma_1) = [1 + \exp\{-\gamma_1 S_t\}]^{-1}$ 用来表示序列的非对称性，$G_2(\cdot) = G_2(t; \gamma_2, c) = [1 + \exp\{-\gamma_2(t - c)\}]^{-1}$ 用来表示序列的结构变化。

模型（2－7）经变形后的单位根检验形式为：

$$X_t = \rho_0 X_{t-1} + \rho' W_t + e_t, t = 1, 2, \cdots, T \tag{2-8}$$

W_t 为转换函数 $G(\cdot)$ 的一阶泰勒展式部分，提出的假设为：

$$H_0: \rho_0 = 1, \rho = 0; H_1: \rho_0 < 1, \rho \neq 0 \tag{2-9}$$

利用 F 统计量进行检验。论文给出了单位根检验的步骤，并应用于214个美国宏观经济数据分析中，发现拒绝单位根的比例达到50%，而ADF单位根检验的拒绝率只有12%。因此，在单位根检验中应当考虑非对称性和结构变化的影响。

Sandberg（2018）提出了NLT－DST模型，设一个随机过程 Y_t 可以用式（2－10）表示：

$$Y_t = F_t + u_t, t = 1, 2, \cdots, T \tag{2-10}$$

其中，F_t 是非线性趋势函数，其表达式为：

$$F_t = \beta_1' T_t + (\beta_2 - \beta_1)' T_t F_{1t} + \cdots + (\beta_{m+1} - \beta_m)' T_t F_{mt} \tag{2-11}$$

其中，参数 $\beta_i = [\beta_{i0}, \beta_{i1}]'$，$i = 1, 2, \cdots, m+1$，趋势 $T_t = [1, t]'$，转换函数 F_{jt} 可以表示为 $F_{jt} = [1 + \exp\{-r_j(t - c_j)\}]^{-1}$，$j = 1, 2, \cdots, m$，$c_j$ 是转换位置，$0 < c_1 < c_2 < \cdots < c_m < T$。$u_t$ 是一个动态平滑转换模型（DST），用来刻画序列中的动态性，可以表示为式（2－12）：

$$u_t = \rho_1 u_{t-1} + (\rho_2 - \rho_1) u_{t-1} G(u_{t-1}) + \varepsilon_t \tag{2-12}$$

其中，ρ_1 和 ρ_2 是自回归过程的未知参数，$G(u_{t-1}) = [1 + \exp\{-v u_{t-1}\}]^{-1}$，$v$ 表示变动率的斜率参数。

基于式（2－12）进行单位根检验，其假设条件为：

$$H_0:\rho_1=\rho_2=1;H_1:\rho_1,\rho_2<1 \tag{2-13}$$

Sandberg（2016，2018）研究序列趋势结构断点的单位根检验问题，但是，趋势结构断点的表示方法不同，单位根检验对象不同。在 Sandberg（2016，2018）中都没有涉及后续的协整检验问题。

基于以上文献分析发现，带有结构断点的趋势模型中，描述变量趋势性的形式比较一致，即常数项加时间趋势项，而描述结构断点的模型差异较大。虚拟变量表示的结构断点是离散的，断点前后的序列是折断的。经济时间序列的结构转换应该是连续的、平滑的，因此，用平滑转换模型表示结构断点较为合适。基于此，提出包含趋势特征及结构变化的模型，与 Sandberg（2016，2018）相比，模型形式更简洁，更便于应用，并在该模型中进行单位根检验，旨在有效识别宏观经济数据中的趋势性是平稳过程、还是单位根过程。由于两种过程的性质完全不同，识别检验方法的提出有助于准确把握经济数据生成性质，本研究可以看作是对时间序列单位根检验的拓展。

第二节　趋势结构断点序列协整检验

Engle 和 Granger（1987）协整概念的提出，使得协整理论与方法在实证分析中得到广泛应用。Engle 和 Granger（1987）认为，如果非平稳变量间的线性组合（即残差项）是平稳的，则它们存在长期均衡关系，也就是协整关系，并基于残差平稳性检验提出协整关系检验方法；Johansen（1991，1995）提出了基于 VAR 模型的矩阵最大特征根识别协整关系的检验方法。协整关系除了描述变量间长期均衡关系外，还认为偏离均衡水平后的调整是线性的，这正是误差修正模型要表达的含义。然而，基于线性模型的协整理论在许多经济情况下是有局限性的，比如，交易成本、政策变化、制度变迁可以引起变量间的长期关系轨迹发生改变，呈现非线性、非对称性。例如，在经济扩张阶段下，货币政策对经济增长或通胀的抑制作用，要比在衰退阶段下，启动经济增长或通胀要难得多。再比如，汇率波动存在均值回复现象，但是是有条件的。当汇率波动在一定范围时，由于交易成本等因素影响，汇率均值回复现象不存在；只有当波动超过一定阈值后，汇率均值回复现象才出现。在这种情形下，线性协整因无法描述非线性变化特征而显得无能为力。

非线性协整理论与方法引起学者们的关注。趋势结构断点序列属于非线性时间序列，关于这类序列的协整模型，与描述结构断点的模型相对应，分为两类：

一、虚拟变量及分段函数下趋势结构断点序列协整检验

第一类是引入虚拟变量表示结构断点、进而建立协整模型，模型中结构断点个数、是否已知断点时间等存在较大差异。在检验统计方法上，与线性协整检验类似，有基于残差的检验以及基于 VAR 模型的检验。

Gregory 和 Hansen（1996a，1996b）研究了结构断点对协整检验的影响并指出，当序列中存在结构断点而未加考虑时，协整检验可能会得出错误的结论，由此提出了三个基于残差的协整检验统计量，构造 Z_α^*、Z_t^* 和 ADF^* 检验统计量，检验模型中包含一个未知的结构断点，考虑了结构断点存在于常数项、时间趋势项及斜率项中。引入虚拟变量为：

$$\varphi_{t\tau}=\begin{cases}0, & t\leqslant[n\tau]\\ 1, & t>[n\tau]\end{cases}$$

其中，$\tau\in(0,1)$，则结构断定协整模型如下：

$$y_{1t}=\mu_1+\mu_2\varphi_{t\tau}+\beta_1 t+\beta_2 t\varphi_{t\tau}+\alpha_1 y_{2t}+\alpha_2 y_{2t}\varphi_{t\tau}+e_t,t=1,2,\cdots,n \qquad (2-14)$$

其中，$\{y_{2t}\}$ 是向量，$y_{2t}\sim I(1)$，$e_t\sim I(0)$。

后续的研究在 Gregory 和 Hansen（1996a，1996b）基础上展开。Hoglund 和 Ostermark（2003）基于 Gregory 和 Hansen（1996a，1996b）提出的三个结构断点协整检验统计量，研究了条件异方差情况下的结构断点协整问题，认为检验统计量的势值（size）会受到异方差的影响。Campos et al.（1996）利用蒙特卡洛模拟试验，考察了一个结构断点情况下，几个协整检验统计量的有效性。结果认为，结构断点会影响统计量的势值（size），且基于误差修正模型的检验统计量的有效性高于 E－G 两步法检验统计量。Davidson 和 Monticini（2010）针对多结构断点协整模型，提出基于残差的检验统计量。后续的研究拓展到多个结构断点的协整检验问题，Hatemi－J（2008）在 Gregory 和 Hansen（1996）基础上，考虑三个机制转换，即序列存在两个结构断点的

协整检验问题，提出了三个基于残差的协整检验统计量，而且结构断点是未知的、内生决定的。也有研究提出 LM 性检验统计量，如 Westerlund 和 Edgerton（2007）考虑了在常数项及斜率项中存在一个未知结构断点时协整检验问题，提出检验统计量是 LM 型的。类似的有 Arai 和 Kurozumi（2007）等。

Johansen 等（2000）构建了存在多个已知断点的 VAR 模型，断点用线性趋势的斜率项中引入虚拟变量表示，而且假定所有变量结构断点时间是已知的、相同的，在此框架下利用降秩回归进行协整分析，通过求解特征值分别得到了协整向量在无限制和限制条件下的最大似然估计，构建了似然比统计量对协整秩进行检验，说明了模型中的极限分布只取决于自由度或布朗运动的维数，得到了秩检验统计量的渐进分布与临界值。Johansen 等（2000）提出的结构断点协整模型为式（2-15）。在线性协整模型的基础上，加入了虚拟变量表示的结构断点。

$$\Delta X_t = \alpha \begin{pmatrix} \beta \\ \gamma \end{pmatrix}' \begin{pmatrix} X_{t-1} \\ tE_t \end{pmatrix} + \mu E_t + \sum_{i=1}^{k-1} \tau_i \Delta X_{t-i} + \sum_{i=1}^{k} \sum_{j=2}^{q} k_{j,i} D_{j,t-i} + \varepsilon_t \qquad (2-15)$$

其中，$D_{j,t} = \begin{cases} 1, t = T_{j-1}, j = 1, 2, \cdots, q; t = \cdots, -1, 0, 1, \cdots \\ 0 \end{cases}$

$$E_{j,t} = \sum_{i=k+1}^{T_j - T_{j-1}} D_{j,t-i} = \begin{cases} 1, T_{j-1} + k + 1 \leqslant t \leqslant T_j \\ 0 \end{cases}, E_t = (E_{1,t}, \cdots, E_{q,t})'$$

Lütkepohl 等（2004）提出了一个在 VAR 框架下存在一个未知断点的协整秩检验方法。

二、机制转换类趋势结构断点序列协整检验

第二类是用机制转换类模型表示结构断点并建立协整模型，机制转换类模型有马尔科夫机制转换模型（MSR）、平滑转换回归模型（STR）、阈值自回归模型（TAR）等，这类模型通过分段拟合、非线性函数、转移概率等方式确定结构断点，描述变量从一种机制向另一种机制转换。Balke 和 Fomby（1997）提出基于 TAR 模型的三机制转换协整方程，假定序列的中间部分有单位根而整体是几何遍历的；基于 STR 模型的协整理论以 Granger 和 Teräsvirta（1993）为开创性研究；Psaradakis 等（2004）研究了基于马尔科

夫链误差修正模型的协整检验问题，认为向长期均衡水平的回复是非对称的。

本书以线性模型和STR模型思想构建趋势结构断点序列协整模型，在此就基于STR模型协整做综述。关于单变量序列的STR模型的研究，学者们给出了完整的建模过程，在Dijk等（1999）中有详细的介绍。利用STR模型表示的机制转换是其中较常用的，它描述的机制转换是平滑的，不像TAR模型表示的是间断的。计量经济学家将线性协整检验的方法扩展至STR模型协整检验中，研究方向大致可分为两类：

1. 假定协整方程是线性的，协整的残差项符合STR模型，即误差修正模型中引入STR模型，表明从线性协整关系中偏离后向均衡水平调整是非线性的，正、负误差向均衡水平调整的机制是不一样的。协整方程基础上的误差修正模型表示偏离均衡水平的调整是线性的、连续的，这正是格兰杰表述定理的内容。然而，又有些经济现象并不符合上述调整特征。比如，交易成本、政策干预等会导致向均衡水平的调整是非线性的、非连续的。在这种情况下，线性协整的功效降低，而且存在势值（size）扭曲（Hepsag，2019），误判为不存在协整关系。这促使向均衡水平的非线性调整研究，出现了STAR或TAR模型下的误差修正模型。这类模型实际上属于残差这个单变量的STR模型的建模问题。相关研究在STR模型的转换函数形式、机制转换个数、检验统计量方面各显不同，具体有Ender和Granger（1998）、Hanse和Seo（2002）、Kapitanios等（2006）、Kilic（2011）、Kristensen和Rahberk（2013）、Grote和Bertran（2015）、Hepsag（2019）、Maki（2006，2010）、南士敬等（2016，2018）。事实上，Kapitanios等（2006）和Maki（2010）假定误差调整是对称的，也就是说，偏离均衡水平的正、负误差，具有同样的调整力度；Kilic（2011）利用logistic函数下的STR误差修正模型研究了调整的非对称性问题，正、负误差向均衡水平调整的力度是不一样的。

Maki（2006）利用STR模型框架，研究日本利率期限结构的非线性调整。设：

$$X_{1t}=\alpha_1+\alpha_2X_{2t}+\mu_t$$

其中，X_{1t}——长期利率对数值，X_{2t}——短期利率对数值

$$\mu_t=\beta\mu_{t-1}+\gamma\mu_{t-1}G(\cdot)$$

两端同减去μ_{t-1}，有：

$$\Delta\mu_t=\phi\mu_{t-1}+\gamma\mu_{t-1}G(\cdot),\phi=\beta-1$$

提出假设：H_0：$\phi=0$，$\theta=0$。

研究结论认为：在不同货币政策机制下，存在非线性调整的均衡关系，即利率期限结构调整是非线性的。也就是说，货币通过作用于短期利率进而控制长期利率的期限结构调整是非线性的，当短期利率与均衡水平接近时，央行无法通过作用短期利率而影响长期利率；只有短期利率与均衡水平差距较大时，货币政策调控效应才能发挥作用。

Kilic（2011）继 Kapetanios 等（2006）对 STEVECM 平滑迁移向量误差修正模型的表述之后，分析了因变量y_t和 k 维向量x_t之间存在的最多一个的条件协整关系，重点是在给定 k 维向量x_t和$z_t=(y_t,x_t')'$的过去值的情况下对y_t进行条件建模。为此，考虑以下用于Δy_t的条件平滑转换误差修正模型（STECM）和用于Δx_t的边际向量自回归（VAR）模型，即：

$$\Delta y_t = \phi e_{t-1} + \phi^* e_{t-1}F(\gamma, v_{t-d}) + \omega^{'\Delta x_t} + \sum_{i=1}^{p} \psi_i' \Delta z_{t-i} + \mathrm{u}_t, \tag{2-16}$$

$$\Delta x_t = \sum_{i=1}^{p} \Gamma_i' \Delta z_{t-i} + \eta_t \tag{2-17}$$

$$\omega = \sum_{xx}^{-1} \sigma_{xy}, e_{t-1} = y_{t-1} - \beta' x_{t-1},$$

可见，将线性误差修正模型中引入转换函数表示带结构断点的协整关系。其中，$u_t \sim i.i.d(0,\sigma_u^2)$，且$\sigma_u^2=\sigma_{yy}-\sigma_{yx}\sum_{xx}^{-1}\sigma_{xy}$（其中$\sigma_{yy}$、$\sigma_{yx}$、$\sum_{xx}^{-1}\sigma_{xy}$分别是变量 y 的方差、y 和 x 之间的协方差向量以及 x 的方差－协方差矩阵），β 是 $k\times 1$ 维协整向量。式（2－16）和式（2－17）中的 STECM 模型遵循以下假设 A 下向量$z_t=(y_t,x_t')'$的一般非线性 VEC 模型：

假设 A 包括：

（1）误差过程 $\epsilon_t=(u_t,\eta_t)'$是 $i.i.d\left(0,\sum\right)$，其中 $\sum$ 是一个（$k+1$）×（$k+1$）阶有限的正定矩阵，并且$\mathrm{E}|\epsilon_t|^l<\infty$，$l>6$。

（2）ϵ_t的分布是绝对连续的，并且在R^{k+1}的紧凑子集上具有远离零的密度。

（3）转移函数 $F(\cdot)$ 渐近地不大于x_t的线性函数。

（4）x_t是 $I(1)$ 的。

（5）非线性调整参数 $\phi^*<0$。

Saikkonen 和 Choi（2004）研究了 STVECM 模型在式（2－16）中的稳定性，表明在假设 A 中规定的条件下，$\epsilon_t=(u_t,\eta_t)'$是随机过程，$\{\Delta Z_t\}$ 和 $\{e_{t-1}\}$ 在几何上是遍历的，因此，存在一组$Z_0=(z_p,\cdots,z_0)$ 的初始值，使得过程ΔZ_t是严格平稳的，并且是绝对有规律、具有几何衰减的混合数。STVECM 的全局平稳性将得到满足，前提是 $\phi+\phi^*<0$。

Saikkonen 和 Choi（2004）在文中考虑的两个常用转移函数是指数和逻辑转移函数，它们清楚地满足式（2－16）中模型的严格平稳性所需的条件，STVECM 中指数和逻辑函数为：

$$F(\gamma,v_t)=1-\exp(-\gamma(v_{t-d})^2) \tag{2-18}$$

$$F(\gamma,v_t)=\frac{1}{1+\exp[-\gamma(v_{t-d})]} \tag{2-19}$$

在等式（2－18）和等式（2－19）中，v_{t-d}是转换变量，d 是整数值延迟参数，γ 是斜率参数（$\gamma>0$），是一个识别限制。考虑的转换变量包括过去的协整假设下的协整性假设（即$e_{t-d}=y_{t-d}-\beta'x_{t-d}$，且 $d\geqslant1$）或过去的协整残差（即 $\hat{e}_{t-d}=y_{t-d}-\hat{\beta}'x_{t-d}$）与协整向量预估计。

式（2－16）中给出的条件 STVECM 和式（2－18）中的转换函数意味着，一方面，对于v_{t-d}足够大的正滞后偏差和负滞后偏差，基础系统将趋向于长期平衡，并且调整在负滞后偏差和正滞后偏差之间是对称的。另一方面，具有逻辑转换函数的 STVECM 意味着不对称调整，即调整动态可能因转换变量的正偏差和负偏差而不同。在这两种情况下，调整速度由 γ 的大小决定。

2. 在原始变量中引入 STR 模型描述长期协整关系，仍然假定变量线性单位根过程，相关研究有 Saikkone 和 Lütkepohl（2000）、Hansen（2003）、Park 和 Phillips（1999，2001）、Choi 和 Saikkone（2004）、丁东洋和周丽莉（2012）等。这类文献相对前一种较少，可能是因为模型形式及检验复杂得多，不像第一种，其实变成了单变量（残差项）的 STR 模型。Choi 和 Saikkone（2004）提出的协整模型为：

考虑一个协整 STR 模型，而且假定变量是线性单位根过程：

$$y_t=\mu+vg(z_{st})+\alpha'x_t+\beta'x_tg(z_{st})+u_t,t=1,2,\cdots,T \tag{2-20}$$

其中，$x_t=[x_{1t},\cdots,x_{pt}]'$是一个 p 维的 $I(1)$ 序列，u_t 是一个零均值的平稳的误差项，并且：

$z_{st}=\gamma(x_{st}-c)$，$\gamma\neq0$，$s\in\{1,\cdots,p\}$

此外，$g(z_{st})$ 是序列 x_t和参数 γ 和 c 的平滑转换函数。模型（2-20）是 Engle 和 Granger（1987）线性协整的非线性扩展回归，该模型通过引入转换函数表示有结构断点的协整关系。为简单起见，此模型的非线性特性由转换函数 $g(z_{st})$ 决定。

检验模型（2-20）简化为传统线性协整回归的零假设。其中，零假设是：

$H_0: v=0$ 和 $\beta=0$。

STR 模型已被用于描述根据某些经济变量的位置而平滑变化的经济关系。在模型（2-20）中，转换函数 $g(z_{st})$ 的适当选择允许x_t和y_t之间的关系发生变化，这取决于x_{st}相对于参数 c 的位置。

对于转换函数 $g(z_{st})$，有如下几个假设：

假设 1：

（i）$g(0)=0$；

（ii）$g(z_{st})$ 在中心为 0 的$\mathbb{R}$中是三次可微的，并且半径为 r（$r>0$）；

（iii）$\frac{\partial g(z)}{\partial z|z=0} \neq 0$；

（iv）$\frac{\partial^3 g(z)}{\partial^3 z|z=0} \neq 0$。

假设 2：

$$x_t = x_{t-1} + v_t, t=1,2,\cdots \tag{2-21}$$

其中，v_t是一个零均值平稳过程，初始值x_0可以是任何满足 $E\|x_0\|^4<\infty$ 的随机向量。

此外，可以方便地假设（$p+1$）维序列$w_t=[u_t \quad v_t']'$ 满足以下采用的假设。

假设 3： 对于某些 r>4，$w_t=[u_t \quad v_t']'$是一个平稳的、零均值、强混合序列，混合系数的大小满足 $-4r/(r-4)$ 和 $E\|x_0\|^4<\infty$。

假设 3 是相当普遍的。它涵盖了各种弱相关过程，并暗示不变性原则适用于过程w_t形成的部分。

正如 Saikkonen 和 Choi（2004）所讨论的，假设 3 意味着过程w_t具有我们假设满足的连续谱密度矩阵$f_{\omega\omega}(\lambda)$。

假设 4： 谱密度矩阵$f_{\omega\omega}(\lambda)$ 远离零，或矩阵$f_{\omega\omega}(\lambda)-\varepsilon I_{p+1}$对于某些 $\varepsilon>0$ 是半正定的。

假设4专门针对 $\lambda=0$ 的情况意味着 I(1) 过程中序列 x_t 不是协整的。符合过程 w_t 的划分，我们写成 $f_{\omega\omega}(\lambda)=[f_{ab}(\lambda)]$，其中 $a,b\in\{u,v\}$。序列 w_t 的长期协方差矩阵由 $\Omega=2\pi f_{\omega\omega}(0)$ 定义并与其他部分一致地部分为：

$$\Omega=\begin{bmatrix}\omega_u^2 & \omega_{uv}\\ \omega_{vu} & \omega_v^2\end{bmatrix}$$

第三节 文献评价

综上所述，与线性协整理论研究一样，非线性的协整检验与单位根检验是相关联的。前文关于 STR 模型协整检验研究中，大多在 ADF 框架下检验序列的平稳性，也就是说，认为序列服从一般意义上的单位根过程，即认为序列是线性非平稳的，这是多数 STR 模型协整检验中采取的方式；也有文献在 STR 模型框架下对序列进行单位根检验，认为序列若服从 STR 模型，它是非线性的，那么，它的单位根过程不应该是线性的，而应是非线性的。然而，提出基于 STR 模型的单位根概念的文献，往往只研究单位根问题，而没有进行后续的协整检验问题研究。

可见，基于 STR 模型结构断点研究中，存在的问题是：

第一，基于 STR 模型的结构断点序列的单位根检验，往往只进行单位根检验，而没有后续的协整检验研究。

第二，基于 STR 模型的协整研究中，普遍使用 ADF 检验对趋势结构断点序列进行单位根检验，当 ADF 检验认为是单位根时，才可以进行协整检验，这与前面的基于 STR 模型的单位根研究是脱节的。

第三，基于 STR 模型的协整检验中，多数在误差修正模型中检验协整关系，而不是在序列的原始值中引入 STR 模型进行协整加以检验。

因此，基于 STR 框架的单位根检验与协整检验并没有建立系统性理论与方法。

本书相较于上述文献的不同之处在于：

首先，认为经济时间序列的结构断点不是间断的，而是平滑转换的，因此，引入 logistic 函数表示结构断点。

其次，认为趋势结构断点序列属于非线性时间序列，不应该在 ADF 框架下进行单位根检验，而应该有其适用的单位根检验理论与方法。

最后，利用序列原始值构造趋势结构断点序列的协整方程，而不是利用线性协整后的残差进行协整分析，表示偏离均衡水平后的调整过程从一种机制向另一种机制的平滑转化，而并没有说明原始序列间的结构性协整关系。

因此，本书以 logistic 函数表示结构断点，认为结构断点是平滑转换的，在此基础上，提出单位根模型及检验统计量，以及两变量、多变量协整模型，构建基于残差的协整检验统计量，考虑了一个及两个结构断点的情况。本研究是对线性单位根、协整理论与方法的拓展，并能准确描述趋势结构断点序列的特征。

第三章　理论基础

第一节　维纳过程和泛函中心极限定理

在计量经济学理论与方法的发展过程中，有建模思想变迁的因素，也有数学工具创新的作用。维纳过程是特殊的随机过程，它被广泛应用于单位根过程与协整检验的研究。在单位根条件下，统计量的分布是非标准的，维纳过程成为协整理论与方法研究的重要工具。维纳过程的研究促进了当代计量经济学方法论的发展，相对于传统的计量经济学理论与方法来说是一次质的飞越。本书中所涉及统计量的分布均是非标准的，它们的分布需要用维纳过程和泛函中心极限定理来寻找。

一、维纳过程

根据陆懋祖（2015）定义，标准维纳过程 $\{W(t), t \in [0,1]\}$ 是定义在区间 $[0,1]$ 上的连续变化的单变量随机过程，满足以下条件：

（1）$W(0)=0$；

（2）对闭区间 $[0,1]$ 上任何一组有限分割 $0 \leqslant t_1 < t_2 < \cdots < t_k = 1$，相应的 $W(t_j)(j=1,2,\cdots,k)$ 的变化量 $[W(t_2)-W(t_1)], [W(t_3)-W(t_2)], \cdots, [W(t_k)-W(t_{k-1})]$ 为相互独立的随机变量；

（3）对任何 $0 \leqslant s < t \leqslant 1$，有

$W(t)-W(s) \sim N(0, t-s)$

标准维纳过程可看作是在 $[0,1]$ 上的连续变化的随机游动。如果令 $s=$

$t-\Delta t \geqslant 0$，则对任何 $t \in [0, 1]$，有：

$$\Delta W = W(t) - W(t-\Delta t) = u_t \sim N(0,\Delta t) \quad (3-1)$$

将式（3－1）变形为：

$$W(t) = W(t-\Delta t) + u_t \sim N(0,\Delta t) \quad (3-2)$$

$W(t)$ 是间隔为 Δt 的随机游走。

式（3－1）也可以表示：

$$\Delta W = u\sqrt{\Delta t} \quad (3-3)$$

其中，$u \sim N(0,1)$，对于任何 Δt，ΔW 之间是相互独立的。

为了使维纳过程与经济过程相联系，假定 T 表示时间长度，将 $[0,1]$ 分成 n 个小区间，Δt 为其代表元素，则任何 $\Delta t \in [0,1]$，有 $T = n\Delta t$。因为有泛函分析的连续映照定理，在逐渐增加的区间 $[0,T]$ 上，对任何 $t \in [0,T]$ 都能被映照到固定的区间 $[0,1]$ 上去，则：

$$W(T) - W(0) = \sum_{i=1}^{n} u_i \sqrt{\Delta t} \quad (3-4)$$

若设 $W(0)=0$，由于 $u_i, i=1,2,\cdots,n$ 是独立的标准正态分布序列，因此，$E[W(T)]=0$，

$VAR(W(T)) = n\Delta t = T$。这与随机游走的特征完全相同，因此，维纳过程被定义为在 $[0,1]$ 区间上的随机游走过程。

基于标准维纳过程，一般的维纳过程可定义为：

$$B(t) = \sigma W(t) \quad (3-5)$$

其中，$\sigma > 0$。$B(t)$ 称为方差为 σ^2 的维纳过程。对任何 $0 \leqslant s < t \leqslant 1$，有：

$$B(t) - B(s) \sim N(0,\sigma^2(t-s)) \quad (3-6)$$

维纳过程 $B(t)$ 和标准维纳过程 $W(t)$ 可看作是对正态分布 $N(0,\sigma^2)$ 和标准正态分布的扩展，它们具有连续函数和正态分布的良好性质，许多有关单位根过程的极限分布可表示为维纳过程。维纳过程是连续随机行走过程，但它的方差随着间隔（$t-s$）的增大而趋近于无穷大。这表现为维纳过程在垂直方向上的变化异常激烈，这使人们想到金融商品价格的激烈变化，经济过程受到外界影响时的波动，因此，在研究非平稳序列时，维纳过程是一个很好的工具。

二、泛函中心极限定理

中心极限定理是概率论和数理统计中研究随机变量极限分布的一个重要工具，在以往平稳过重的研究中发挥了重要的作用，得到了许多统计量的分布，解决了计量经济学的建模问题。但是，它不适用于非稳定的时间序列过程，非平稳过程统计量的分布是非标准的，不适合于我们熟悉的分布，中心极限定理在其中无法发挥作用。泛函中心极限定理解决了这一难题，它是对一般中心极限定理的扩展，适用于非平稳过程的极限分布。

泛函中心极限定理的表述是：

设 $\varepsilon_1,\varepsilon_2,\cdots,\varepsilon_t,\cdots$ 为一列独立同分布的随机变量，对所有 $t=1,2,\cdots$，有 $E(\varepsilon_t)=0$，$D(\varepsilon_t)=E(\varepsilon_t^2)=\sigma^2<\infty$；$r$ 为闭区间［0,1］中的任一正实数。给定样本 $\varepsilon_1,\varepsilon_2,\cdots,\varepsilon_T$，取前［$Tr$］部分样本作统计量：

$$X_T(r)=\frac{1}{T}\sum_{t=1}^{[Tr]}\varepsilon_t \tag{3-7}$$

当 $T\to\infty$ 时，$\sqrt{T}X_T(r)$ 有极限分布：

$$\sqrt{T}X_T(r)=\frac{1}{\sqrt{T}}\sum_{t=1}^{[Tr]}\varepsilon_t\Rightarrow\sigma W(r)\equiv B(r) \tag{3-8}$$

三、常用的单位根过程的极限分布

在单位根的相关统计量的极限分布推导中，需要用到维纳过程和泛函中心极限定理，本书对常见的单位根过程的极限分布进行总结。

设随机游动：

$$y_t=y_{t-1}+\varepsilon_t \tag{3-9}$$

其中，$\{\varepsilon_t\}$ 为独立同分布序列，$E(\varepsilon_t)=0$，$D(\varepsilon_t)=E(\varepsilon_t^2)=\sigma^2<\infty$。若 $y_0=0$，以下几类极限分布成立：

1. 序列的不同次方的极限分布。

$$T^{-4}\sum_{t=1}^{T}y_{t-1}^6\Rightarrow\sigma^6\int_0^1 W^6(r)dr \qquad T^{-3}\sum_{t=1}^{T}y_{t-1}^4\Rightarrow\sigma^4\int_0^1 W^4(r)dr$$

$$T^{-5}\sum_{t=1}^{T}y_{t-1}^8\Rightarrow\sigma^8\int_0^1 W^8(r)dr \qquad T^{-5/2}\sum_{t=1}^{T}y_{t-1}^3\Rightarrow\sigma^3\int_0^1 W^3(r)dr$$

$$T^{-7/2}\sum_{t=1}^{T} y_{t-1}^{5} \Rightarrow \sigma^{5}\int_{0}^{1} W^{5}(r)dr \qquad T^{-9/2}\sum_{t=1}^{T} y_{t-1}^{7} \Rightarrow \sigma^{7}\int_{0}^{1} W^{7}(r)dr$$

$$T^{-6}\sum y_{t-1}^{10} \Rightarrow \sigma^{10}\int_{0}^{1} w(r)^{10}dr \qquad T^{-\frac{11}{2}}\sum y_{t-1}^{9} \Rightarrow \sigma^{9}\int_{0}^{1} w(r)^{9}dr$$

2. 序列与随机扰动项乘积的分布。

$$T^{-1}\sum_{t=1}^{T} y_{t-1}\varepsilon_t \Rightarrow \sigma^{2}\int_{0}^{1} W(r)dW(r) \qquad T^{-2}\sum_{t=1}^{T} y_{t-1}^{3}\varepsilon_t \Rightarrow \sigma^{4}\int_{0}^{1} W^{3}(r)dW(r)$$

$$T^{-\frac{3}{2}}\sum_{t=1}^{T} y_{t-1}^{2}\varepsilon_t \Rightarrow \sigma^{3}\int_{0}^{1} W^{2}(r)dW(r) \qquad T^{-\frac{5}{2}}\sum_{t=1}^{T} y_{t-1}^{4}\varepsilon_t \Rightarrow \sigma^{5}\int_{0}^{1} W^{4}(r)dW(r)$$

$$T^{-3}\sum_{t=1}^{T} y_{t-1}^{5}\varepsilon_t \Rightarrow \sigma^{6}\int_{0}^{1} W^{5}(r)dW(r)$$

3. 序列与时间项乘积的分布。

$$T^{-\frac{7}{2}}\sum_{t=1}^{T} t y_{t-1} \Rightarrow \sigma\int_{0}^{1} rW(r)dr \qquad T^{-\frac{9}{2}}\sum_{t=1}^{T} t^{2} y_{t-1} \Rightarrow \sigma\int_{0}^{1} r^{2}W(r)dr$$

$$T^{-5}\sum_{t=1}^{T} t^{3} y_{t-1}^{2} \Rightarrow \sigma^{2}\int_{0}^{1} r^{3}W^{2}(r)dr \qquad T^{-6}\sum_{t=1}^{T} t^{4} y_{t-1}^{2} \Rightarrow \sigma^{2}\int_{0}^{1} r^{4}W^{2}(r)dr$$

$$T^{-\frac{13}{2}}\sum_{t=1}^{T} t^{5} y_{t-1}^{2} \Rightarrow \sigma^{2}\int_{0}^{1} r^{5}W^{2}(r)dr \qquad T^{-7}\sum_{t=1}^{T} t^{6} y_{t-1}^{3} \Rightarrow \sigma^{3}\int_{0}^{1} r^{6}W^{3}(r)dr$$

4. 序列值、随机扰动项与时间项的乘积分布。

$$T^{-\frac{5}{2}}\sum_{t=1}^{T} t\varepsilon_t y_{t-1} \Rightarrow \sigma^{2}\int_{0}^{1} rW(r)dW(r) \qquad T^{-3}\sum_{t=1}^{T} t^{2}\varepsilon_t y_{t-1} \Rightarrow \sigma^{2}\int_{0}^{1} r^{2}W(r)dW(r)$$

$$T^{-\frac{5}{2}}\sum_{t=1}^{T} t^{3}\varepsilon_t y_{t-1} \Rightarrow \sigma^{2}\int_{0}^{1} r^{3}W(r)dW(r)$$

5. 其他。

$$T^{-1/2}\sum_{t=1}^{T} \varepsilon_t \Rightarrow \sigma W(1) \qquad T^{-3/2}\sum_{t=1}^{T} t\varepsilon_t \Rightarrow \sigma W(1) - \sigma\int_{0}^{1} W(r)dr$$

第二节　logistic 函数及平滑转换回归模型

机制转换类模型是非线性时间序列模型中应用较广泛的一类，它们描述了变量的结构转换情况，主要有马尔科夫区制转换模型（MSR）、阀值自回归模型（TAR）、平滑转换自回归模型（STR）。与前两种模型相比，STR 模型描述的状态转移是平滑地，而不是间断地、跳跃地。

一、STR 模型形式及性质

STR 模型描述了被解释变量从一条回归线平滑地转换到另一条回归线的现象，单变量 STR(p) 模型的基本形式如式（3-10）所示：

$$y_t=(\phi_{1,0}+\phi_{1,1}y_{t-1}+\cdots+\phi_{1,p}y_{t-p})(1-G(s_t;r,c))+(\phi_{2,0}+\phi_{2,1}y_{t-1}+\cdots+\phi_{2,p}y_{t-p})G(s_t;r,c)+\varepsilon_t \qquad (3-10)$$

或

$$y_t=\phi_1'x_t(1-G(s_t;r,c))+\phi_2'x_tG(s_t;r,c)+\varepsilon_t \qquad (3-11)$$

其中，$x_t\,(1,\tilde{x}_t')'$，$\tilde{x}_t=(y_{t-1},\cdots,y_{t-p})'$，$\phi_i=(\phi_{i,0},\phi_{i,1},\cdots,\phi_{i,p})'$，$i=1,2$。$G(r,c,z_t)$ 是连续函数，在 0~1 之间变动。s_t 是转换变量，它是导致 y_t 由一种变化转换为另一种变化的变量，单变量分析中，s_t 可以选择 y_{t-d}（d 为滞后期），也可以选择时间项 t；c 称为位置参数，是导致 y_t 变化的具体位置。在式（3-10）中，根据 $G(\cdot)$ 形式的不同，常见的有 LSTAR、ESTAR 等。若 $G(\cdot)$ 采取 logistic 函数形式，即为 LSTR 模型，有：

$$G(r,c,z_t)=\{1+\exp[-r(s_t-c)]\}^{-1} \qquad (3-12)$$

其中，r 称为斜率参数，要求 $r>0$。赵春艳（2011）指出，LSTAR 模型的最大特点体现在其 $G(\cdot)$ 函数上，参数 r、c 决定了 $G(\cdot)$ 的变化情况。r 是 $G(\cdot)$ 中指数函数的斜率，r 越大，$G(\cdot)$ 越大，y_t 变化的幅度越快。

图 3-1 是 logistic 函数在转换速度 γ 分别取 0.1、1、10，转换位置 $c=2$ 时的图形。当 $z_t<c$ 时，$G(\cdot)$ 趋于 0；当 z_t 时，$G(\cdot)$ 趋于 1。显然，在原有的线性模型（AR 模型）的基础上，加入非线性因素后，序列的变化轨迹将发生改变，在 c 值前后，数据的变化会显示出不同，这也正是 STR 模型的本质。$G(\cdot)$ 的取值在（0,1）之间，用这个变动的系数修正式（3-11）中系数 ϕ_1'，从而拟合 y_t 的非线性变动规律。

在 LATAR 模型中，两个机制通过转换变量 s_t 的较小的值（$s_t<c$）和 s_t 的较大的值（$s_t>c$）联系起来。这种机制转换很方便地被应用在模型建立中，例如，可以很方便地描述经济周期的扩张与紧缩行为。如果 y_t 表示产出变量的增长率，转换变量 $s_t=y_{t-1}$，$c=0$，那么模型将在正的和负的增长率或者扩张和紧缩之间区分。

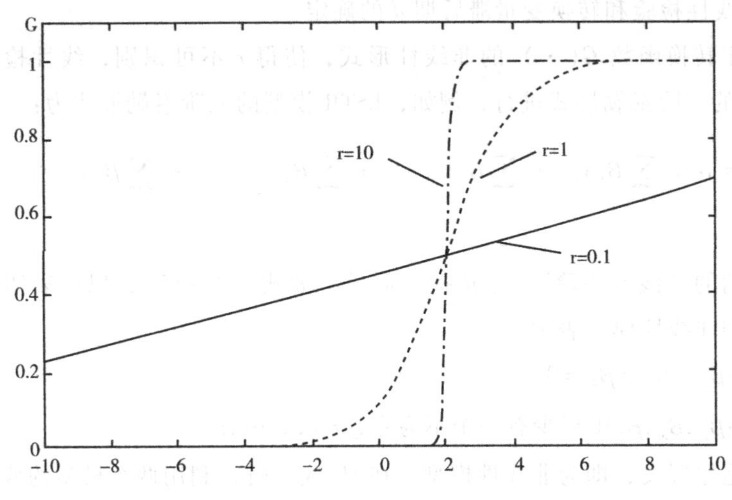

图 3-1 logistic 函数在不同转换速度下的曲线图

本书选择 logistic 函数表示结构断点，是因为在 c 值左右，序列从一种机制转向另一种机制，符合结构断点的特征。与虚拟变量表示结构断点相比，logistic 函数的结构断点是内生决定的，而且断点前后是平滑转换的，符合经济时间序列变动特征。

二、STR 模型的建模步骤

目前，STR 模型的建模技术和程序已经发展得很成熟，包括模型设定、参数估计、检验等，我们以式（3-13）为例说明单变量 STR 模型建模步骤。具体如下：

$$y_t = \alpha_1 + \sum_{j=1}^{p} \beta_{1j} y_{t-j} + \left(\alpha_2 + \sum_{j=1}^{p} \beta_{2j} y_{t-j} \right) G(s_t; r, c) + u_t \tag{3-13}$$

1. 线性 AR 模型阶数 p 的确定。

在对单变量建模之前，先要进行平稳性检验。如果序列是平稳的，用原始值拟合；如果是非平稳的，要用差分值拟合。先对序列建立 AR 模型，并确定其阶数 p。根据 Granger 和 Teräsvirta（1993）建议，滞后阶数 p 的选择方法是：先计算序列的 ACF、PACF，选择相关性强的滞后期建立模型，在误差项不存在自相关的情况下，根据 AIC 的最小值确定模型线性部分的最优阶数 p。

2. 线性检验和转换变量滞后期 d 的确定。

由于转换函数 $G(\cdot)$ 的非线性形式，使得 r 不可识别，线性检验基于 $G(\cdot)$ 的三阶泰勒展式进行，例如，LSTR 模型的三阶泰勒展式为：

$$y_t = \alpha + \sum_{j=1}^{p}\beta_{1j}y_{t-j} + \sum_{j=1}^{p}\beta_{2j}y_{t-j}y_{t-d} + \sum_{j=1}^{p}\beta_{3j}y_{t-j}y_{t-d}^{2} + \sum_{j=1}^{p}\beta_{4j}y_{t-j}y_{t-d}^{3} + u_t \tag{3-14}$$

所谓的“线性检验”，是指提出假设，如式（3-15），以此表明序列是否需要用非线性模型表示。

$$\begin{aligned} &H_{01}:\beta_{2j}=\beta_{3j}=\beta_{4j}=0 \\ &H_{11}:\beta_{2j},\beta_{3j},\beta_{4j}\text{中至少有一个不为零}, j=1,2,\cdots,p \end{aligned} \tag{3-15}$$

拒绝原假设，即为非线性模型。在 H_0 成立时，利用两个模型的残差平方和有无显著差异进行检验，使用的是标准的 F 分布。当然，利用标准 F 分布的滞后期 d 的取值为大于等于 1 的整数，需要不断试验，选取拒绝 H_0 对应的 d 为合适的滞后期，如果有多个 d 值拒绝原假设，选择最小概率所对应的 d 值。这是因为，拒绝该原假设需要比其余几个备选模型更强的理由。转换变量也可以考虑外生变量，确定方法是一样的。

三、STR 模型的参数估计与检验

作为一种非线性模型，STR 模型的参数估计要用到非线性最小二乘法（NLS）。

1. NLS 估计。

设一般回归方程为：

$$y_t = f(x_t,\beta) + u_t, t=1,2,\cdots,T \tag{3-16}$$

K 维参数向量 $\beta=(\beta_1,\beta_2,\cdots,\beta_k)'$

最小二乘估计是要选择参数向量 β 的估计值 b，使残差平方和 $S(b)$ 最小，即：

$$S(b) = \sum_{t=1}^{T}[y_t - f(x,b)]^2 \tag{3-17}$$

对每个参数分别求偏导，并令偏导数为 0，就可以得到参数估计值，即：

$$\frac{\partial S(b)}{\partial b_i} = -2\sum_{t=1}^{T}[y_t - f(x,b)]\frac{\partial f(x,b)}{\partial b_i} = 0, i=1,2,\cdots,K \tag{3-18}$$

如果f关于参数的导数不依赖于参数β，则称模型为参数线性的；反之，则是参数非线性的。显然，STAR 模型是参数非线性的，关于ϕ_2，r，c的偏导中都包含其他参数。式（3-16）是无法直接求解的。

一般使用非线性最小二乘方法估计这类方程，为了使残差平方和$S(b)$最小，有多种方法，而牛顿—拉夫森方法是最常用的一种。假定式（3-16）中只有一个参数，即$K=1$，将式（3-17）在初值$b^{(0)}$处进行直到二阶的泰勒展开，即：

$$S(b)\approx S(b^{(0)})+\left.\frac{dS(b)}{db}\right|_{b=b^{(0)}}(b-b^{(0)})^2 \tag{3-19}$$

使式（3-19）最小的一阶条件是：

$$b=b^{(0)}-\left(\left.\frac{d^2S(b)}{db^2}\right|_{b=b^{(0)}}\right)^{-1}\times\left.\frac{dS(b)}{db}\right|_{b=b^{(0)}} \tag{3-20}$$

当给定迭代的初值$b^{(0)}$后，利用式（3-20）可以得到新的值$b^{(1)}$，这样反复迭代直至连续两次的道德参数估计值相差小于给定的确定的标准（3-17）δ，$\delta>0$，即$|b^{(\iota+1)}-b^{(\iota)}|<\delta$，表示迭代收敛。所得到的$b^{(\iota)}$即为位置参数$\beta$的 NLS 估计值。

因此，将残差平方和$S(b)$进行二阶泰勒展开，通过不断迭代求得估计值。当式（3-16）中含有多个参数时，即$K>1$时，牛顿—拉夫森法中参数向量通过下式进行迭代：

$$b^{(\iota+1)}=b^{(\iota)}-H_\iota^{-1}\times g_\iota \tag{3-21}$$

其中$H_\iota=H(b^{(\iota)})=\left.\frac{\partial^2S(b)}{\partial b\partial b'}\right|_{b=b^{(\iota)}},g_\iota=g(b^{(\iota)})=\left.\frac{\partial S(b)}{\partial b}\right|_{b=b^{(\iota)}}$

当转换变量及转移函数形式确定后，下一步就要对模型参数进行估计。我们以模型（3-22）为例给出参数估计的方法，其他形式的模型也可以适用：

$$y_t=\phi_1'x_t(1-G(s_t;r,c))+\phi_2'x_tG(s_t;r,c)+\varepsilon_t \tag{3-22}$$

并设：

$$F(x_t;\theta)=\phi_1'x_t(1-G(s_t;r,c))+\phi_2'x_tG(s_t;r,c) \tag{3-23}$$

对模型（3-22）的参数估计采用非线性最小二乘法（NLS），这样，参数$\theta=(\phi_1',\ \phi_2',\ r,\ c)'$可以被估计为：

$$\hat{\theta}=\underset{\theta}{\operatorname{argmin}}Q_T(\theta)=\underset{\theta}{\operatorname{argmin}}\sum_{t=1}^{T}(y_t-F(x_t;\theta))^2 \tag{3-24}$$

其中，ε_t 服从正态分布。NLS 相当于极大似然估计，其估计结果满足一致性，而且是渐近正态分布，即：

$$\sqrt{T}(\hat{\theta}-\theta_0)\rightarrow N(0,C) \tag{3-25}$$

其中，θ_0 是估计参数的真值，C 是 $\hat{\theta}$ 的渐近协方差矩阵，可以表示为 $\hat{A}_T^{-1}\hat{B}_T\hat{A}_T^{-1}$，其中，$\hat{A}_T^{-1}$、$\hat{B}_T$ 可以表示：

$$\hat{A}_T=-\frac{1}{T}\sum_{t=1}^{T}\nabla^2 q_t(\hat{\theta})=\frac{1}{T}\sum_{t=1}^{T}(\nabla F(x_t;\hat{\theta})\nabla F(x_t;\hat{\theta})'-\nabla^2 F(x_t;\hat{\theta})\hat{\varepsilon}_t) \tag{3-26}$$

$$\hat{B}_T=\frac{1}{T}\sum_{t=1}^{T}\nabla q_t(\hat{\theta})\nabla q_t(\hat{\theta})'=\frac{1}{T}\sum_{t=1}^{T}\hat{\varepsilon}_t^2\nabla F(x_t;\hat{\theta})\nabla F(x_t;\hat{\theta})' \tag{3-27}$$

参数估计的实现可以通过使用任何常用的非线性优化方法得到，需要注意的是参数初始值的确定。

我们注意到，当参数 r、c 固定时，式（3－22）中的 STR 模型需要估计的只有参数 ϕ_1 和 ϕ_2，也就是说，在 r、c 确定时，参数 $\phi=(\phi_1', \phi_2')'$可以通过最小二乘法估计：

$$\hat{\phi}(r,c)=\sum_{t=1}^{T}(x_t(r,c)x_t(r,c)')^{-1}\sum_{t=1}^{T}(x_t(r,c)y_t) \tag{3-28}$$

其中，$x_t(r,c)=(x_t'(1-G(s_t;r,c)),x_t'G(s_t;r,c))'$

这样，式（3－24）NLS 表达式可以写成式（3－25）形式，从而极大地降低了 NLS 估计的维数。

2. 参数初始值的确定。

当参数 r、c 固定时，STR 模型的参数估计变成了线性模型的参数估计，但是，估计的结果对 r、c 的初始值很敏感。可以通过二维网格搜索 r、c，从而实现非线性最优化。

按照通常的处理方法，首先，根据 $r>0$，$c_{max}>\min(s_t)$ 以及 $c_{max}<\max(s_t)$ 的规则，选择 r、c 的初始值；其次，基于格点搜索方法，每一个格点搜索中 $r=1,2,\cdots,100$，得到 r、c 的最优初始值；最后，从上述过程中得到转换函数中 r、c 的初始值，以其构成的转换函数为基础，进一步使用极大似然方法估计转换函数的非线性模型，进一步得到参数 r、c 的估计值，也就是 r、c 的最优估计值。在得到 r、c 初始值后，将其代入平滑转换回归模型，求解出极大似然函数，就可以估计出方程中所有参数。

3. 对参数估计后的模型进行假设检验。

一般使用的检验是关于残差的独立性、正态性及异方差性检验。这体现了时间序列模型的建模思想。因为在理论模型的假定中，要求随机扰动项满足零均值、等方差、独立及正态分布的假定，模型估计完后，作为随机扰动项替代的残差项如果满足上述假定，则模型拟合良好。一般在非平稳及非线性模型的检验中，不适用古典计量经济学中的检验方法，最根本的原因在于，相关统计量的分布已经发生改变，这样标准的 t、F、DW 检验统计量是不能适用的。

第三节 非线性时间序列的平稳性

古典计量经济学总是假定序列是平稳的。事实上，我们熟悉的计量经济学模型的古典假定中暗含着一个没有被提及的条件，就是所涉及的变量均是平稳的，由此进行最小二乘参数估计，并能获得相关检验统计量的分布。也就是说，模型检验中使用的 t 检验、F 检验、DW 检验都适用于平稳时间序列。当序列非平稳时，上述的检验统计量不再适用，容易发生“伪回归”现象。因为非平稳序列条件下，上述检验统计量的分布已经发生改变，再从标准的分布中寻找临界值用于实际的检验，肯定会导致错误的结论。于是，协整理论以及建立于此的协整检验应运而生，它替代上述检验统计量，检验非平稳时间序列模型在统计上是否有意义。

因此，我们现在对时间序列建模时，第一步要先检测其平稳性，然后才决定是用经典的回归模型分析，还是用协整理论分析。序列平稳性概念及检验统计量是基于线性模型提出的，如 ADF 检验、PP 检验等，当序列适应非线性模型时，又给平稳性概念及检验统计量提出挑战。

一般我们提到的时间序列的“平稳”有两种不同的定义：宽平稳和严平稳。

一、宽平稳的内涵

宽平稳是针对时间序列的数字特征而言的。如果 $\{z_t, t=1,2,\cdots,n\}$ 有有穷的二阶中心矩，而且满足如下两个条件，则时间序列 $\{z_t\}$ 是平稳的。

$$
\begin{aligned}
&(1)\ u_t = Ez_t = c \\
&(2)\ r(t,s) = E[(z_t - c)(z_s - c)] = r(t-s,0)
\end{aligned}
\tag{3-29}
$$

显然，宽平稳要求的是序列的数字特征，而不是分布。这个定义中包含的内容有，有穷二阶矩意味着序列的期望和自协方差是存在的，为下面定义两者的特征提供了可能。

第一个条件要求平稳时间序列任意时刻所对应的随机变量的均值相等，实际中所得到的序列值 $\{a_1,a_2,\cdots,a_n\}$ 相当于是每个随机变量 $\{z_1,z_2,\cdots,z_n\}$ 在特定条件下的一次实现值，依据均值相等的条件（$\{u_t = Ez_t = c\}$），$a_1,a_2,\cdots,a_n$ 都会在 c 值附近，这样，序列的取值差异不大，表现为有一条横线能贯穿所有数据（如图 3-2 所示），当序列有确定趋势或随机趋势时，是无法找到这条横线的，也就是非平稳序列（如图 3-3 所示）；第二个条件要求自协方差函数只与时间间隔有关，而与时间起点无关，这样序列的方差也是相同的（即为间隔为 0 的自协方差）。它的深层含义是，只要时间间隔确定，序列从始到终的相关性是相同的，这为模型的建立奠定了基础，这就是平稳时间序列通过计算 ACF、PACF，从而建立 ARMA 模型的过程。因此，所谓的平稳时

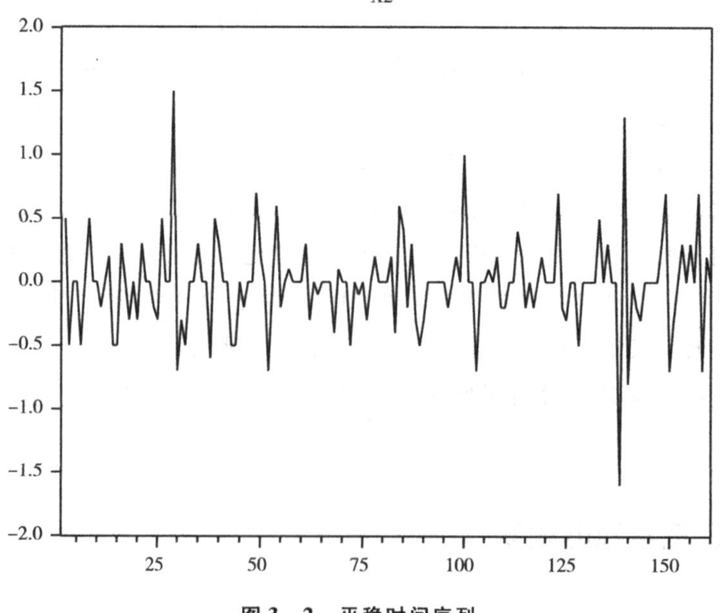

图 3-2　平稳时间序列

间序列序列，从表面看是有一条横线能贯穿所有数据，看不见的是序列相关性的恒定。上述两个条件只要有一个不满足，序列就是非平稳的，常见到的是第一个条件不满足的均值非平稳序列，即单位根过程，它可以通过差分的方式可以变得平稳。

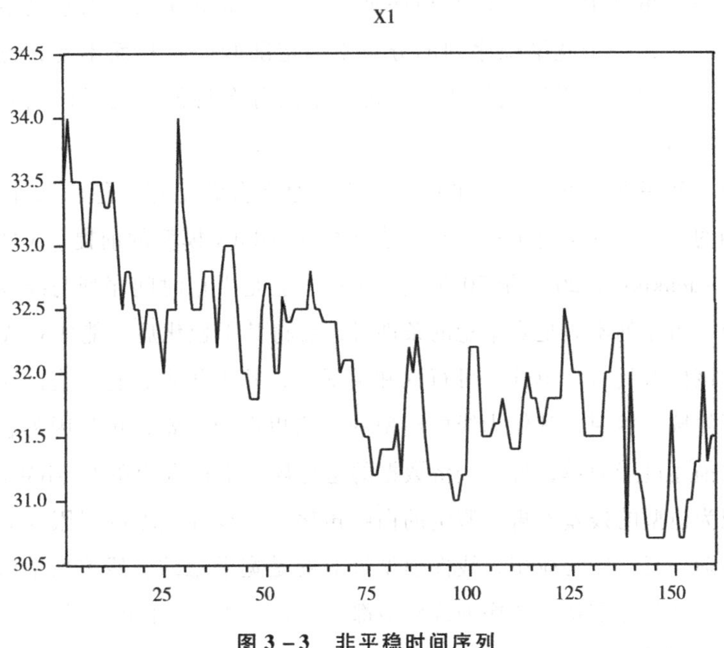

图 3－3 非平稳时间序列

二、严平稳的内涵

严平稳时间序列是从随机变量分布的角度定义的。对时间序列 $\{z_t, t=1, 2, \cdots, n\}$，若对于任何正整数 m 和整数 $t_1 < t_2 < \cdots < t_m$，此序列中的随机变量 $z_{t_1+s}, z_{t_2+s}, \cdots, z_{t_m+s}$ 的联合分布函数与整数 s 无关，即：

$$F_{t_1, t_2, \cdots, t_m}(\alpha_1, \alpha_2, \cdots, \alpha_m) = F_{t_1+s, t_2+s, \cdots, t_m+s}(\alpha_1, \alpha_2, \cdots, \alpha_m) \qquad (3-30)$$

其中，$F_{t_1, t_2, \cdots, t_m}$ 是 $z_{t_1}, z_{t_2}, \cdots, z_{t_m}$ 的联合分布函数，$F_{t_1+s, t_2+s, \cdots, t_m+s}$ 是 $z_{t_1+s}, z_{t_2+s}, \cdots, z_{t_m+s}$ 的联合分布函数，则时间序列是严平稳的。

严平稳序列的定义可得到以下两个推论：

1. $F_{t_1}(\alpha_1) = F_{t_1+s}(\alpha_1)$，即任何时刻的一维分布函数都是一样的。

2. $F_{t_1, t_2}(\alpha_1, \alpha_2) = F_{t_1+s, t_2+s}(\alpha_1, \alpha_2) = F_{t_1-t_2}(\alpha_1, \alpha_2)$。

也就是说，严平稳序列的特征是多维联合分布函数只与时间间隔有关，而与时间的起点无关；时间间隔相同的多维联合分布函数是相同的。由此可见，严平稳强调的是分布，具有分布随时间不变的特征。

严平稳与宽平稳之间的关系，不存在是一个平稳序列就一定是另一个平稳序列现象。事实上，一个严平稳序列，若二阶矩不存在，则它就不是宽平稳序列；反之，一个宽平稳序列的分布不一定随时间推移而不变，也就不一定是严平稳序列。严平稳强调的是随机变量的分布特征，宽平稳强调的随机变量的数字特征。

经济时间序列很难满足严平稳的条件，通常会满足宽平稳的条件，因此，一般提到的平稳指的是宽平稳，它是建立线性 ARMA 模型的前提。ARMA 模型是由 Box - Jenkins 于 20 世纪 70 年代提出的，它是平稳时间序列与线性模型的完美结合。当序列不满足宽平稳的条件时，要将其平稳化后才能建立 ARMA 模型。由于该模型具有简单性、可行性和灵活性，几十年来，它一直活跃在时间序列分析领域。然而，其作为线性模型的缺陷也逐渐显露，正是因为它对于序列关系的描述过于简单，许多经济数据的运行规律不符合简单的 ARMA 模型特征，表现为模型的残差不再是假定的白噪声序列。线性模型的局限性导致非线性模型逐渐兴起、广泛应用，线性模型针对的是宽平稳的、残差项是白噪声序列，不满足这些标准特征的序列或模型都称为非线性，如非正态性、非对称性、变量间的非线性关系等，由此产生了一系列非线性模型，如 ARCH、MSR、TAR、STR 等，用来描述时间序列的非线性变化特征（赵春艳，2012）。

但是，这类模型的平稳性同线性模型的平稳性的内涵是否一致，是值得研究的问题。

三、机制转换类结构断点序列的宽平稳性检验

当序列存在结构断点时，它的平稳性是值得思考的问题。下面我们将根据前文提到的宽平稳、严平稳的含义，考察结构断点序列的平稳性。首先，说明基于 logistic 函数表示的结构断点序列的平稳性与线性模型数据平稳性的区别；其次，剖析结构断点数据平稳的内涵，并提出这类非线性时间序列平稳性的概念。

宽平稳序列的特征以其均值、自相关函数等数字特征标识，接下来，我

们需要思考的是，结构断点序列是否是一般意义上的宽平稳序列。

本书提出的结构断点单位根模型如式（3－31）。首先，计算其自协方差函数（r_k），由于存在参数不可识别的问题，模型（3－31）的以 y_{t-1} 为转换变量的三阶泰勒展式如式（3－32）所示：

$$y_t = \beta y_{t-1} + r y_{t-1}[1 - \exp(-\theta y_{t-d}^2)] + \varepsilon_t \tag{3-31}$$

$$y_t = \beta_1 y_{t-1} + \beta_2 y_{t-1}^2 + \beta_3 y_{t-1}^3 + \beta_4 y_{t-1}^4 + \varepsilon_t \tag{3-32}$$

其 r_k 的表达式为：

$$\begin{aligned} r_k &= E(y_t y_{t-k}) \\ &= E[(\beta_1 y_{t-1} + \beta_2 y_{t-1}^2 + \beta_3 y_{t-1}^3 + \beta_4 y_{t-1}^4 + \varepsilon_t) y_{t-k}] \\ &= E(\beta_1 y_{t-1} y_{t-k}) + E(\beta_2 y_{t-1}^2 y_{t-k}) + E(\beta_3 y_{t-1}^3 y_{t-k}) \\ &\quad + E(\beta_4 y_{t-1}^4 y_{t-k}) + E(\varepsilon_t y_{t-k}) \end{aligned} \tag{3-33}$$

式（3－33）显示的序列 r_k 表明，r_k 虽然仍只与时间间隔有关、而与时间起点无关，但它的表达式与线性模型的 r_k 的表达式存在较大差别。例如，AR（1）的 r_k 的表达式如式（3－34）所示。

$$y_t = \varphi_1 y_{t-1} + \varepsilon_t$$

其 r_k 的表达式为：

$$\begin{aligned} r_k &= E(y_t y_{t-k}) \\ &= E[(\varphi_1 y_{t-1} + \varepsilon_t) y_{t-k}] \\ &= E(\varphi_1 y_{t-1} y_{t-k}) + E(\varepsilon_t y_{t-k}) \\ &= \varphi_1 r_{k-1} (k \geqslant 1) \end{aligned} \tag{3-34}$$

其次，宽平稳的另一个条件是序列的均值是常数，根据这一条件，模型（3－15）在 c 值实现平滑转换，因此，两个阶段的均值是不同的，很难用一条横线将它们贯穿起来。可见，结构断点序列的 r_k 出现了序列值的高次方，不是一般意义上的 r_k，因此，它不是通常意义上的宽平稳序列。

这样，传统的基于线性模型的 ADF 统计量不能用于趋势结构断点序列的平稳性检验。以不带常数项的单位根形式为例，如式（3－35）：

$$y_t = \rho y_{t-1} + \sum_{i=1}^{p} \beta_i \Delta y_{t-i} \tag{3-35}$$

单位根检验的假设是：

$$H_0: \rho = 1; H_1: \rho < 1 \tag{3-36}$$

若接受 H_0，则序列存在单位根。对比模型（3－32），我们发现，模型

(3－32) 中的 β_1 若等于 1，则后面的 $\beta_2 y_{t-1}^2 + \beta_3 y_{t-1}^3 + \beta_4 y_{t-1}^4 + \varepsilon_t$ 与模型 (3－36) $\sum_{i=1}^{p} \beta_i \Delta y_{t-i}$ 显然在性质上是不一样的，后者表示非平稳序列差分后的平稳序列可以用线性 AR 模型表示，前者显然表示的不是这样的涵义，两个模型表达式的差别会影响单位根检验统计量的分布。因此，我们认为，结构断点序列不是一般意义的宽平稳序列，用 ADF 统计量检测其平稳性是没有意义的（赵春艳，2012）。

四、机制转换类结构断点序列的平稳性条件

对于机制转换类序列的平稳性，学者们展开了相关研究。Kapetanios（2003）等提出了适合 STR 模型的整体平稳、中间单位根的平稳概念。式（3－31）中，模型平稳的条件是：$|\beta + r| < 1$，若 $\beta = 1$，则 $-2 < r < 1$，此时，序列是中间机制有单位根的、整体平稳的非线性模型。Harvey 和 Leybourne（2007）同样提到，如果序列是 $I(0)$ 或 $I(1)$，则其适合的模型分别如下：

$$I(0):(1 - \Phi L) y_t = \delta f(y_{t-1}, \theta) y_{t-1} + \varepsilon_t \tag{3-37}$$

$$I(1):(1 - \Phi L) \Delta y_t = \lambda f(\Delta y_{t-1}, \theta) \Delta y_{t-1} + \varepsilon_t \tag{3-38}$$

δ、λ 的取值和 Φ 联合起来会保证 y_t 的整体平稳性。$\Phi > 0$，则 $|\Phi \pm \delta| < 1$ 是平稳的 LSTAR 模型，若 $\Phi > 0$，则 $|\Phi \pm \lambda| < 1$ 是单位根的 LSTAR 模型。但是，他们没有给出证明，我们在下面将利用马尔科夫链遍历性予以证明。

非线性模型定义的序列不是宽平稳序列，转而我们研究它们是否是严平稳序列。对线性时间序列而言，可直接验证其平稳性，但验证一个由非线性时间序列是否是严平稳序列是比较困难的。常用的方法是将时间序列表示成一个马尔科夫链，并建立马尔科夫链的遍历性，再利用遍历的马尔科夫链是严平稳的这一事实，证明时间序列的严平稳性。(范剑青，2005)。

马尔科夫链是指，假定有随机过程 $\{x_t\}$，如果对所有 t，给定 $\{x_t, x_{t-1}, \cdots\}$，x_{t+1} 的条件分布仅依赖于 x_t，则称 $\{x_t\}$ 为马尔科夫链；马尔科夫链所表明的序列特征是，给定现在和过去，将来仅依赖于现在。马尔科夫链的遍历性是以概率分布依全变差范数的收敛性来定义的，如果存在一个分布 F 和常数 $\rho \in (0,1)$，对任意 x，使得：

$$\rho^{-n} \| F_n(\cdot | x) - F(x) \| \to 0 \tag{3-39}$$

其中，$F_n(\cdot|x)$ 是给定 $x_0=x$ 时、x_n 的条件分布，当 $\rho=1$ 时，$\{x_t\}$ 称为遍历的；当 $\rho<1$ 时，$\{x_t\}$ 称为几何遍历的，$F_n(\cdot)$ 称为平稳分布。

范剑青（2005）给出了几个常用的判断非线性模型是否遍历的准则，假定非线性模型为：

$$x_t=f(x_{t-1},\cdots,x_{t-p})+\varepsilon_t \tag{3-40}$$

$E\varepsilon_t=0$，则以下三个条件之一成立，则马尔科夫链 $\{x_t\}$ 是几何遍历的。

(1) $f(\cdot)$是有界的，且：

$$\lim_{\|x\|\to\infty}|f(x)-(b_1x_1+\cdots+b_px_p)|/\|x\|=0 \tag{3-41}$$

$b_1,b_2,\cdots,b_p$ 是常数，对任意 $|z|\leqslant1$，满足 $1-b_1z-\cdots-b_pz^p\neq0$

(2) 存在常数 $\lambda\in(0,1)$ 和 $c\geqslant0$，使得：

$$|f(x)|\leqslant\lambda\max\{|x_1|,\cdots,|x_p|\}+c \tag{3-42}$$

(3) 存在常数 $\rho\in(0,1)$，$c\geqslant0$，$a_i\geqslant0$，且 $a_1+\cdots+a_p=0$，使得：

$$|f(x)|\leqslant\rho(a_1|x_1|+\cdots+a_p|x_p|)+c \tag{3-43}$$

其中，

$$X=(x_1,\cdots,x_p)^{\Gamma},\|X\|=(x_1^2+\cdots+x_p^2)^{1/2} \tag{3-44}$$

五、机制转换类趋势结构断点序列的严平稳性检验

根据马尔科夫链遍历性的第二条，现证明趋势结构断点序列平稳的条件。式（3-31）中，若下式成立：

$$|y_t|=|\beta y_{t-1}+ry_{t-1}G(\cdot)|\leqslant|\beta+rG(\cdot)||y_{t-1}|+c \tag{3-45}$$

则：

$$|\beta+rG(\cdot)|<1, \tag{3-46}$$

因为，$0<G<1$，则：

$$|\beta+r|<1 \tag{3-47}$$

满足以上条件结构断点序列是平稳的，由式（3-31）得：

$$y_t=[\beta+rG(\cdot)]y_{t-1}+\varepsilon_t$$

由此，$|\beta+rG(\cdot)|<1$ 以及 $|\beta+r|<1$ 的平稳条件，同 Kapetanios（2003）所提出的平稳的条件是相同的。也就是说，这里所谓的平稳是严平稳，因此，断点序列是严平稳序列。

但是，我们注意到，在平稳的条件下，$|\beta|<1$（$|r|<2$）和 $\beta=1$（$-1<r<0$）的性质是不一样的。式（3－31）展开为：

$$
\begin{aligned}
y_t &= \beta y_{t-1} + r y_{t-1} G(\cdot) + \varepsilon_t \\
&= \beta(\beta y_{t-2} + r y_{t-2} G(\cdot) + \varepsilon_{t-1}) + r y_{t-1} G(\cdot) + \varepsilon_t \\
&= \beta^2 y_{t-2} + \beta r y_{t-2} G(\cdot) + r y_{t-1} G(\cdot) + \beta\varepsilon_{t-1} + \varepsilon_t \\
&= \cdots
\end{aligned}
\tag{3-48}
$$

当 $|\beta|<1$ 时，以前序列值对 y_t 的影响越来越小，如 y_{t-2} 对 y_t 的影响为 β^2，而且离当期越远的随机因素对 y_t 的影响越小，可以忽略。当 $\beta=1$ 时，式（3－32）可以写成：

$$
\begin{aligned}
y_t &= \beta y_{t-1} + r y_{t-1} G(\cdot) + \varepsilon_t \\
&= y_{t-2} + r y_{t-2} G(\cdot) + r y_{t-1} G(\cdot) + \varepsilon_{t-1} + \varepsilon_t \\
&= \cdots
\end{aligned}
\tag{3-49}
$$

式（3－49）最明显的特征是，各期进入系统的随机因素 ε_1，ε_2，…，ε_t 会持续对系统产生影响，与 $|\beta|<1$ 的式（3－32）的情况截然不同。因此，在满足平稳性条件下，若 $|\beta|<1$，则直接拟合模型，若 $\beta=1$，则式（3－31）等号左边变成差分形式即可。也就是说，只有 $|\beta+r|<1$，模型才是有意义的，但是，允许 $|\beta|<1$ 或 $\beta=1$。

本书在对趋势结构断点序列的单位根进行检验时，提出的模型形式为：

$$
y_t = \rho y_{t-1} + \beta_0 + \beta_1 t + \alpha_{11} y_{t-1} G_1(\cdot) + \cdots + \alpha_{m1} y_{t-1} G_m(\cdot) + \varepsilon_t \tag{3-50}
$$

式（3－50）中，当 $\rho=1$ 时为单位根过程，它既保留了趋势项、结构断点项，又保留了单位根的典型特征 $\sum \varepsilon_i$ 合计项。

第四节　非线性脉冲响应函数

一、脉冲响应函数

脉冲响应函数用来描述宏观经济序列受到冲击后的持续影响，通常用在线性模型中，用来分析时刻 t 有一个冲击 δ 后，y_{t+h}，$h=1$，2，…后的响应值，且只有第 t 期到 $t+h$ 的冲击值都为 δ，也可以认为，后面的冲击值都为

0。这样，经典的脉冲响应函数（*TI*）（Dijk，2000）定义为：

$$TI_y(h,\delta,\omega_{t-1}) = E[y_{t+h}|\varepsilon_t=\delta,\varepsilon_{t+1}=\cdots=\varepsilon_{t+h}=0,\omega_{t-1}]$$
$$-E[y_{t+h}|\varepsilon_t=0,\varepsilon_{t+1}=\cdots=\varepsilon_{t+h}=0,\omega_{t-1}]$$

其中，$h=0,1,2,\cdots$；ω_{t-1}表示序列的历史值。

基于线性模型的经典的脉冲响应函数有如下特征：（1）*TI* 是对称的，也就是说，$-\delta$ 冲击后序列的响应值与 δ 冲击后响应值仅符号相反；（2）响应值是线性的，响应值与冲击的大小成比例，也就是说，2δ 冲击后序列的响应值是 δ 的 2 倍；（3）脉冲响应值与序列的历史值无关，也就是说，它与 ω_{t-1} 无关。

以 AR(1) 模型为例，来看一下它的脉冲响应函数。

$z_t=\varphi_1 z_{t-1}+\varepsilon_t$

①假定 $\varepsilon_0=\delta$，则 $z_0=\delta$，

$z_1=\delta\varphi_1$

$z_2=\delta\varphi_1^2$

……

$z_h=\delta\varphi_1^h$

②假定 $\varepsilon_0=-\delta$，则 $z_0=-\delta$，

$z_1=-\delta\varphi_1$

$z_2=-\delta\varphi_1^2$

……

$z_h=-\delta\varphi_1^h$

③假定 $\varepsilon_0=\pm2\delta$，则 $z_0=\pm2\delta$，

$z_1=\pm2\delta\varphi_1$

$z_2=\pm2\delta\varphi_1^2$

……

$z_h=\pm2\delta\varphi_1^h$

可见，在线性模型中，脉冲响应值与冲击的大小及正负值是线性相关的。上述这些特征在非线性模型中是不合适的，包括 STR 模型。非线性模型的响应值与序列历史值、冲击大小及符号有关，广义脉冲响应函数应运而生。

二、广义脉冲响应函数

早期研究多用在单变量线性模型中，后续的研究认为，利用线性模型进行冲击分析时，往往有许多局限性。例如，如果用线性模型进行分析，那么，在经济周期波动中，衰退面对冲击后的响应与繁荣是一样的。因此，线性模型不能准确捕捉到经济周期波动中的非对称性。非线性模型的脉冲响应分析能证明经济波动中响应的差异性，认为衰退时的响应持续性小于繁荣时期，这是广义脉冲响应函数可以描述的。

1. 广义脉冲响应函数（GI）定义。

$$GI(h,\delta,\omega_{t-1})=E[y_{t+h}|\varepsilon_t=\delta,\omega_{t-1}]-E[y_{t+h}|\omega_{t-1}]$$

其中，$E[\cdot]$ 为期望算子；h 表示预测长度，且 $h=0,1,2,3,\cdots$；ε_t 为杠杆信息冲击；ω_{t-1}为历史信息集。

非线性模型的脉冲响应是依赖于历史的，来自随机扰动项ε_t的冲击，一个单位正、负的ε_t的冲击，对系统影响的路径是不同的，且2个单位的正、负ε_t的冲击与1个单位的冲击没有联系。比如，STR模型中，当序列处于低机制时，一个小的正的冲击与一个大的正的冲击，系统的响应值是不一样的，小的冲击不太可能改变低机制的状态，而大的冲击有可能改变路径。因此，非线性模型本身的变动态势，决定了脉冲响应函数取决于历史值、冲击的大小和符号。

2. 单变量结构断点序列的脉冲响应函数。

结构断点序列是非线性时间序列，关于它的脉冲响应函数，在Dijk等（2000）中阐述很清楚。只需要赋予随机扰动项初始值，利用结构断点序列模型可以得到面对冲击后，序列的一系列响应值。假定 $\{x_t\}$ 序列适合趋势结构断点序列模型，如式（3-51）：

$$x_t=\mu+\beta t+\alpha_1 x_{t-1}+\theta_{12}x_{t-1}^2+\theta_{13}x_{t-1}^3+\theta_{14}x_{t-1}^4+\varepsilon_t \tag{3-51}$$

在初始0期，令：$\varepsilon_0=\delta$，即在第0期给 X 一个冲击，则：

$$x_t=\mu+\beta t+\alpha_1 x_{t-1}+\theta_{12}x_{t-1}^2+\theta_{13}x_{t-1}^3+\theta_{14}x_{t-1}^4+\varepsilon_t$$

$$x_0=\delta,$$

$$x_1=\alpha_1\delta+\theta_{12}\delta^2+\theta_{13}\delta^3+\theta_{14}\delta^4$$

$$x_2=\alpha_1 x_1+\theta_{12}x_1^2+\theta_{13}x_1^3+\theta_{14}x_1^4$$

$$x_3=\alpha_1 x_2+\theta_{12}x_2^2+\theta_{13}x_2^3+\theta_{14}x_2^4$$

……

为了观察对脉冲响应函数结果，模拟参数值，得到随机扰动项参数值大小、符号不同情况下的响应值，见图 3-4：

令：$\alpha_1 = 0.2$，$\theta_{12} = 0.1$，$\theta_{13} = 0.3$，$\theta_{14} = 0.2$，$\varepsilon_0 = \pm 1$，± 2

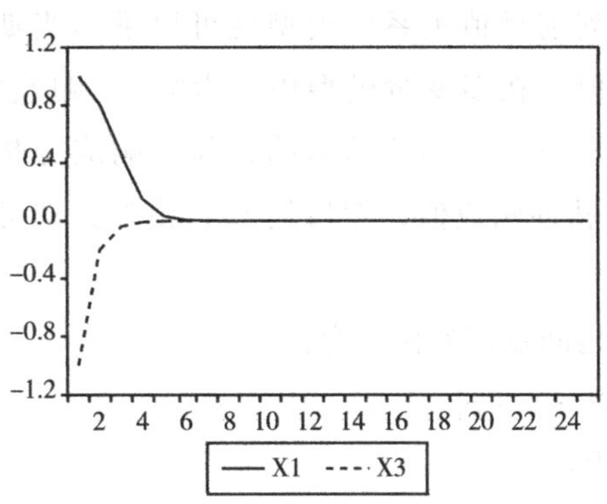

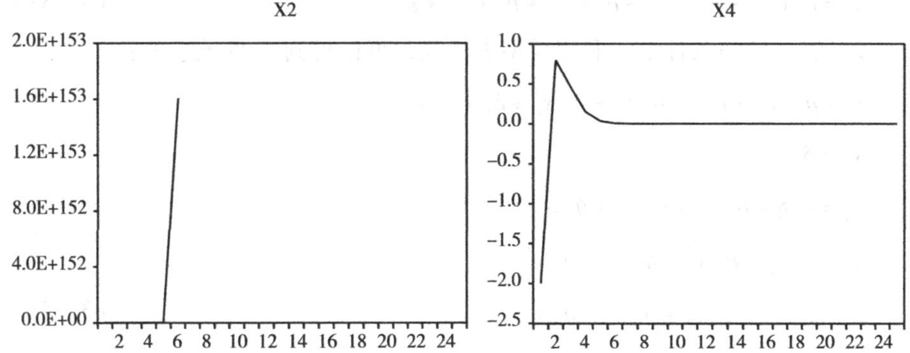

图 3-4 脉冲响应函数图

注：X1 = 1 X2 = 2 X3 = -1 X4 = -2。

从图 3-4 中可以看出，$\varepsilon_0 = \pm 1$，± 2 条件下，脉冲响应值都显示出非对称性：在 $\varepsilon_0 = \pm 1$，± 2 时，绝对值相同的正、负冲击下，它们的响应值符号不同、数值各不同，并没有显示出对称性；而 $\varepsilon_0 = \pm 2$ 时，它们脉冲响应值与 $\varepsilon_0 = \pm 1$ 时，没有任何关联性，呈现非线性特征。

三、多变量趋势结构断点序列的脉冲响应函数

1. 本书在第 5 章提出的两变量协整方程如下：

$$y_t = \mu + \beta t + \alpha_1 x_t + \delta_1 x_t G(\cdot) + \varepsilon_t \tag{3-52}$$

其中，$G(x_t;\gamma,c)=(1+\exp\{-\gamma(x_t-c)\})^{-1}$

在脉冲响应分析中，我们想看来自 x_t 冲击后，y_t 的响应值。从模型形式中可以看出，它与单变量模型的差异，单变量模型中，给随机扰动项一个初值，利用表示序列前后值关系的模型就可以推出当期一个冲击后，序列未来若干期的响应值。在多变量模型中，影响 y_t 响应值的是 x_t，如果模型中没有包含序列前期值对当期值的影响，脉冲响应分析是无法做的。因此，应该先给出 x_t 的脉冲响应值，然后代入 y_t 模型，即可实现对 y_t 的脉冲响应分析。

假设 x_t 的趋势结构断点序列模型为：

$$x_t=\alpha_1 x_t+\theta_1 x_{t-1}G(\cdot)+\varepsilon_t$$

其三阶泰勒展式为：

$$x_t=\alpha_1 x_{t-1}+\theta_{12}x_{t-1}^2+\theta_{13}x_{t-1}^3+\theta_{14}x_{t-1}^4+\varepsilon_t \tag{3-53}$$

2. 在 x_t 已知条件下，利用模型表达式，可以得到 y_t 的响应值：

$$y_t=\mu+\beta t+\alpha x_t+\delta_{12}x_t^2+\delta_{13}x_t^3+\delta_{14}x_t^4+\varepsilon_t$$

$$\begin{aligned}
&x_0=\delta\\
&x_1=\alpha_1\delta+\theta_{12}\delta^2+\theta_{13}\delta^3+\theta_{14}\delta^4\\
&x_2=\alpha_1 x_1+\theta_{12}x_1^2+\theta_{13}x_1^3+\theta_{14}x_1^4\\
&x_3=\alpha_1 x_2+\theta_{12}x_2^2+\theta_{13}x_2^3+\theta_{14}x_2^4\\
&\cdots\cdots\\
&y_1=\alpha x_1+\delta_{12}x_1^2+\delta_{13}x_1^2+\delta_{14}x_1^4\\
&y_2=\alpha x_2+\delta_{12}x_2^2+\delta_{13}x_2^3+\delta_{14}x_2^4\\
&\cdots\cdots
\end{aligned} \tag{3-54}$$

为了显示趋势结构断点序列模型的协整方程中，冲击后序列响应值的特征。这里，我们分情况利用模拟数据进行分析。

（1）低机制下的分析，令：$\alpha=0.5$

低机制是转换变量小于结构断点时，序列的运动态势，脉冲响应见图 3-5。它的图形与 x 自身的脉冲响应图一样，只是数值大小导致上下平移。因为低机制涉及的是模型（3-52）的线性部分，所以，与 x 自身的脉冲响应值是相同的。

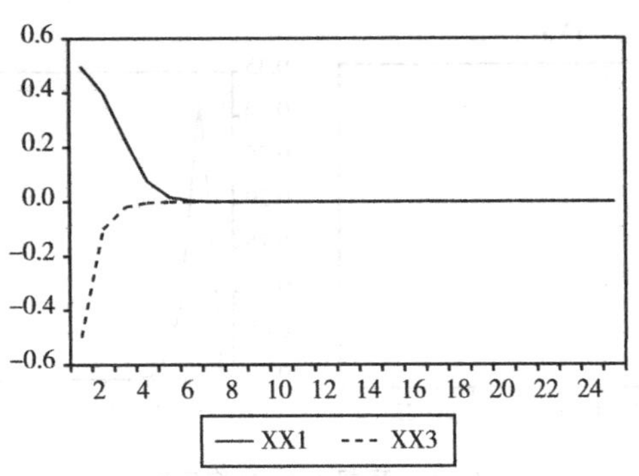

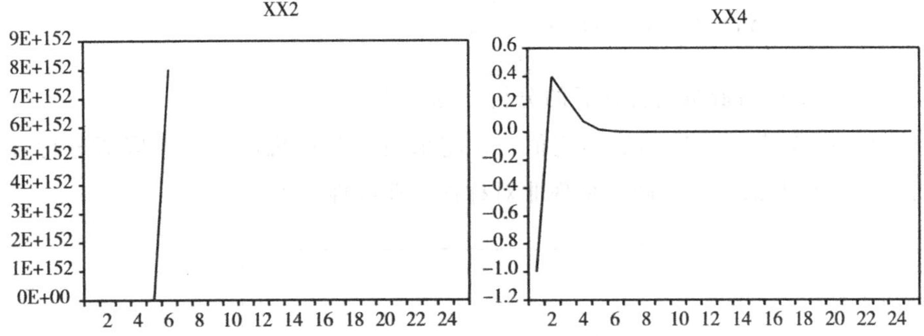

图 3－5　低机制脉冲响应图

注：XX1 = 1　XX2 = 2　XX3 = －1　XX4 = －2。

（2）高机制下的分析，令模型（3－54）中：

$\alpha = 0.5$，$\delta_{12} = 0.2$，$\delta_{13} = 0.3$，$\delta_{14} = 0.1$

图 3－6 表示高机制部分下，即模型（3－54）中，转换变量大于结构点点，y 对 x 冲击后的响应值。可见，与低机制及 x 自身变化都存在明显差异，是因为非线性部分的介入。

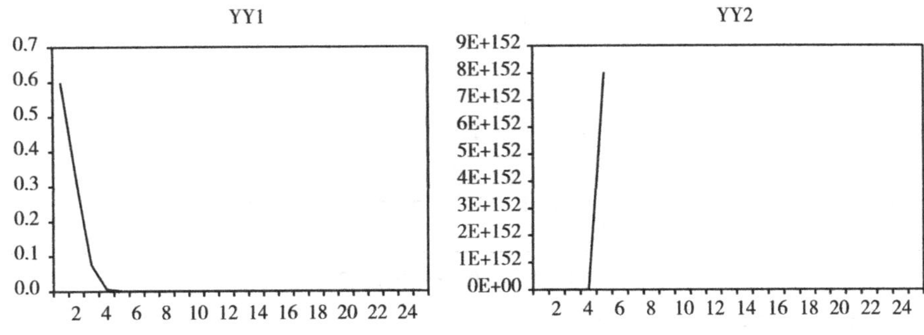

图 3－6　高机制脉冲响应图

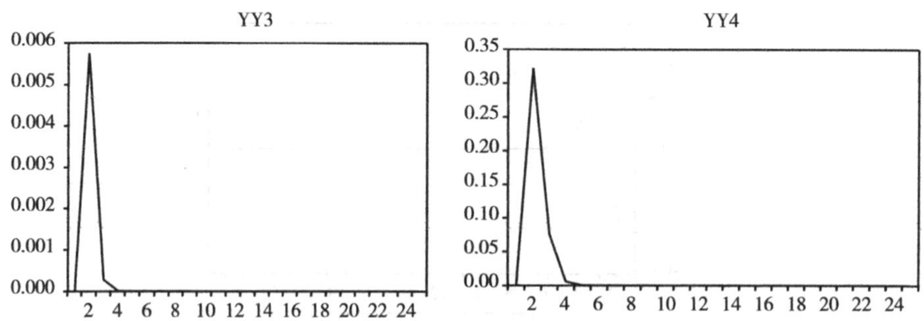

图 3-6　高机制脉冲响应图（续）

注：YY1 = 1　YY2 = 2　YY3 = -1　YY4 = -2。

（3）高低机制合计后的分析，见图 3-7。

图 3-7 表示 y 序列的响应值，是将低机制与高机制部分响应值进行合计。与前面两部分都不同，呈现非对称性、非线性。

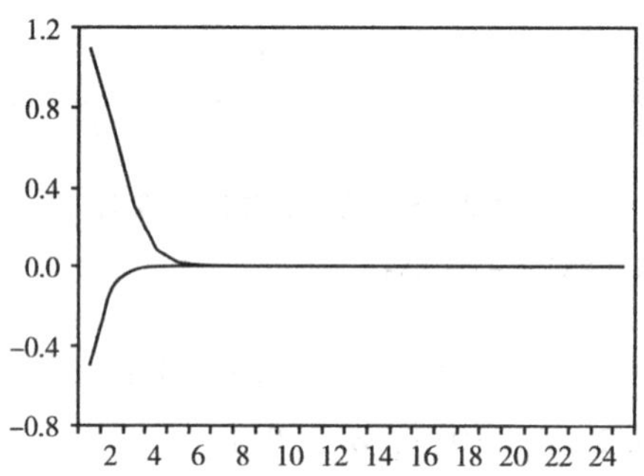

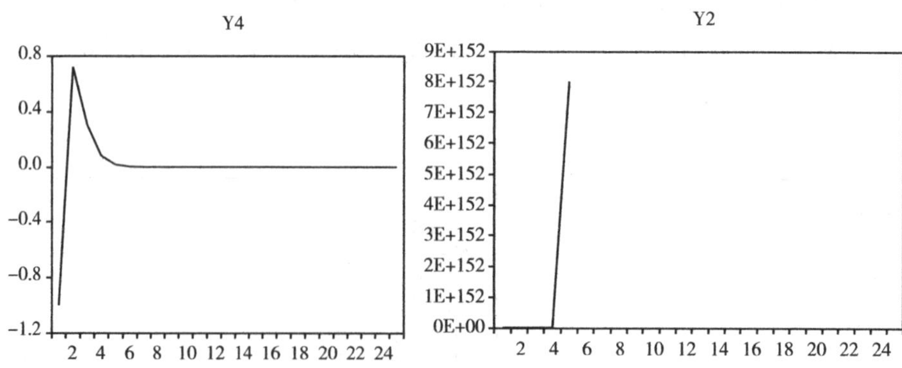

图 3-7　总体脉冲响应图

注：Y1 = 1　Y2 = 2　Y3 = -1　Y4 = -2。

以上分机制及综合在一起的分析结果显示，冲击的正负、倍数都没有显示关联性，显示非对称性及非线性。

第五节 协整理论与方法概述

基于本书的研究视角，这里我们对协整理论与方法做简单概述，以便与后续的趋势结构断点序列的协整检验问题相联系。

一、协整理论产生的背景

古典计量经济学模型如式（3－55），对随机扰动项 $\{\varepsilon_t\}$ 有若干假定，成为参数估计与模型检验的基础。包括零均值、等方差、独立、正态分布，与自变量不相关等。然而，没有对序列的变量的平稳性做任何假定，可以说，20 世纪 70 年代以前的建模技术以时间序列平稳为前提设计的。

$$y_t = a + bx_t + \varepsilon_t \tag{3-55}$$

正因为没有考虑到变量的平稳性，自 20 世纪 70 年代开始，计量模型的实证应用中逐渐暴露一些问题，主要表现为：伪回归和参数估计的准确性降低。人们开始意识到肯定哪里出现了问题，其实也是对古典计量理论与方法的巨大冲击。Granger（1974）首先提出了伪回归问题。所谓“伪回归”，是指两个没有任何联系的变量，它们的线性回归模型也会通过所有的检验。Granger 和 Newbold（1974）用蒙特卡洛试验方法表明，单位根是造成伪回归的根本原因。在伪回归的表述中，我们可以认为古典计量模型中常用的检验统计量，如 t 检验、F 检验、DW 检验等失去了功效，在有些变量的回归中，无法起到有效的检验功能；而单位根概念的提出，一方面显示这类序列的建模过程显示特殊性；另一方面提醒人们建模时首先要考虑序列的平稳性质，古典计量理论中的参数估计、模型检验等方法不是万能的，并不能解决所有的变量建模问题。

单位根序列实际上就是非平稳序列，如式（3－56）：

$$y_t = \rho y_{t-1} + \varepsilon_t \tag{3-56}$$

当$\rho=1$时，$\{y_t\}$是单位根过程；当$\rho<1$时，$\{y_t\}$是平稳过程。单位根过程的特征是在它的生成过程中，随机扰动项一旦进入系统后，就不会消失（见式（3－57）），会持续对后面序列值产生影响，单位根过程的三种形式的生成过程中，都会出现$\sum \varepsilon_i$，这是造成序列呈现非平稳特征的原因。这样，古典计量模型中，实际上暗含着变量是平稳过程的假定，因为没有提及这一问题，才出现了伪回归问题。当序列是非平稳过程时，原有建模理论的假定条件改变了，表现为建模理论与实际变量的不匹配，无法解决实际变量的建模问题。

$$
\begin{aligned}
y_t &= y_{t-1} + \varepsilon_t \\
&= y_{t-2} + \varepsilon_{t-1} + \varepsilon_t \\
&= \cdots \\
&= y_0 + \varepsilon_1 + \varepsilon_2 + \cdots + \varepsilon_t \\
&= y_0 + \sum_{i=1}^{t} \varepsilon_i
\end{aligned}
\tag{3-57}
$$

二、协整检验方法：E－G两步法及JJ法

为解决单位根序列的建模问题，1987年，Engle—Granger发表论文《协整与误差修正》，正式提出“协整”（cointegration）概念。协整理论的产生将计量经济学理论与方法代入新阶段，也可以说，对计量经济学发展具有里程碑式的意义和作用。

Engle和Granger（1987）认为，如果两个单位根过程的组合是平稳的，则它们之间不存在伪回归关系，而是长期均衡关系，也就是协整的。在这个定义中，提到协整理论与方法是针对单位根序列提出的，也就是要解决单位根序列的建模问题；同时，提出了如何检验协整关系的方法，“组合是平稳的”，正如大家熟悉的，单位根变量线性组合后，考察其残差的平稳性，就可判断序列间是否存在协整关系。Engle和Granger（1987）协整检验方法的提出，同时说明，古典计量经济模型检验方法在单位根条件下是不适用的，这也就是出现伪回归的根本原因。事实上，当序列是单位根过程时，检验统计量的分布发生根本改变，在不知情的情况下，还用标准的t、F分布的临界值进行检验，偏差自然会出现。

Engle 和 Granger（1987）的协整检验方法也称为“E－G 两步检验法”，随着研究及应用的深入，人们发现其中的缺陷，主要表现为：参数估计是有偏的，可能会遗漏协整关系。E－G 两步法中，先对变量用 OLS 进行参数估计，然后对残差进行平稳性检验。然而，仿真试验表明，即使样本长度为 100 时，协整参数的 OLS 估计仍是有偏的。一般应该用极大似然估计；要得到残差序列，首先要给出协整方程，也就意味着，协整方程是给定的，这样，在 3 个及以上的变量间的协整检验中，就可能忽略其他协整关系。

在这个背景下，对于多变量之间的协整关系检验，Johansen（1988）以及 Johansen 与 Juselius（1990）提出了一种基于向量自回归模型（VAR）进行检验的方法，使用极大似然参数估计方法，称为“JJ 检验”。VAR 模型是将系统中所有变量都作为被解释变量构建模型，自变量包括变量自身滞后值及其他变量滞后值，这样，系统中所有关系都得以呈现，可能存在的协整关系就在其中，不会出现协整关系检验遗漏；通过数理推导，将系统中协整关系个数检验转换为矩阵的最大特征根个数的检验，最大特征根所对应的特征向量即为协整向量参数。可见，JJ 检验解决了 E－G 检验方法中存在的缺陷问题。

然而，无论单位根模型及检验，还是协整模型及检验，都是针对线性模型建立的，经济时间序列会呈现非线性、非对称的特征，这是线性模型无法解决的，主要表现为原有的统计量检验功效会降低，会造成小概率值判断失误，将非平稳、非线性过程误判为平稳过程，其根本原因在于非线性条件下检验统计量分布的改变。建立于非线性模型基础上的单位根及协整理论与方法成为时间序列计量经济学发展的前沿内容。基于线性模型的协整方程及误差修正模型，表明变量间存在长期的、恒定的均衡关系，而且偏离均衡水平后的调整是线性的、连续的。事实上，现实中的许多经济现象呈现的特征并非如此，处于不同机制下的经济行为会显示异质性，有时很难从经济理论加以解释。例如，在利率增长快和平稳时期，投资人和住房购买者的行为是不一样的，利率快速增长下的投资和住房购买意愿更强；在经济衰退和繁荣时期，经济政策调控效果呈现非对称性，繁荣时期的紧缩政策比衰退时期的扩张政策，更容易发挥效用。计量经济学家们提出各种模型研究这种现象，就属于非线性协整研究范畴。

第六节　蒙特卡洛模拟方法与 Bootstrap 方法

一、蒙特卡洛模拟方法的思想

数理统计学研究的重心之一就是推导统计量的分布函数。若随机变量 $\{X_t\}$ 是正态分布，则与其有关的样本统计量的分布容易获得，而且是数理统计学的基础内容。若随机变量 $\{X_t\}$ 是非线性的动态过程，得到与其相关的样本统计量的临界值是不容易的。这时常用的方法有三种：近似法、大样本或渐近分布法、数值模拟法。

蒙特卡洛模拟法是数值模拟法中的一种常用方法。蒙特卡洛（Monte Carlo）模拟方法通常用于分析各种统计量的特性和行为。该方法的核心思想是，利用随机问题的解方法来推导出确定性问题的解。本书中所提出的样本统计量的临界值是通过蒙特卡洛模拟方法得到的。蒙特卡洛模拟往往利用计算机模拟数据生成过程，大致思路是，首先设定一个能够充分反映待研究问题特征的数据生成式，然后运用该式反复计算出 M 组随机大样本 T 所涉及变量值。这是人工生成的蒙特卡洛样本，基于这些人工样本数据，通过反复使用某统计量，近似推导出该统计量的未知样本分布函数，这种方法称为分布抽样法。

例如，若想了解平稳自回归过程的均值的分布函数的形式，这时，原始数据生成过程为：

$$y_t = \rho y_{t-1} + \phi + \varepsilon_t, t = 1, 2, \cdots, T \tag{3-58}$$

其中，$\varepsilon_t \sim N(0,1)$，$|\rho| < 1$，$\phi \in (-\infty, \infty)$，并设 $y_0 \sim N[\mu, (1-\rho^2)^{-1}]$，$\mu = \phi/(1-\rho)$。显然，必须已知参数值 (ρ, ϕ)，才能用蒙特卡洛模拟方法生成样本 $(y_1, y_2, \cdots, y_T)$，进而得出：

$$\bar{y} = T^{-1} \sum_{t=1}^{T} y_t \tag{3-59}$$

假设 $\rho = 0.5$，$\phi = 3$，$T = 50$，这时 $\mu = 6$，将参数值代入式（3-58），并利用计算机生成 $\{\varepsilon_t\}$ 的一组随机数，因能生成一个样本组 $(y_1, y_2, \cdots, y_{50})$。

根据式（3－59）计算 $\bar{y}_1$，独立重复上述试验1000次，便可生成（$\bar{y}_1, \bar{y}_2, \cdots, \bar{y}_{1000}$）。此时，可以计算1000个 $\bar{y}$ 的均值和方差，从而得到其分布，若试验的次数 M 增大，会发现它的方差在减小。

蒙特卡洛模拟最广泛的应用是在非平稳过程中，当序列非平稳时，检验统计量不再服从标准的分布，也可以说，统计量不能用解析函数表示，它们需要用维纳过程来表示其分布。维纳过程是随机变量的集合，这样，统计量的分布会随着维纳过程的变化而变化，这也就是其无法用解析式表示的原因。为了得到非平稳序列统计量的临界值，人们多采用蒙特卡洛模拟数据的方法，按照数据生成过程模拟产生数据，然后拟合模型后计算相应的统计量值，当这种试验以几万次甚至更多次方式不断重复后，得到了足够多的统计量值，从而得出其分布。在这方面，最典型的应用是 Dickey－Fuller(DF) 检验统计量临界值的确定。设对序列 $\{y_t\}$ 进行单位根检验的模型如式（3－60）：

$$y_t = \rho y_{t-1} + \varepsilon_t \tag{3-60}$$

提出的假设是：H_0：$\rho = 1$；H_1：$\rho < 1$

检验使用的统计量是：

$$t = \frac{\hat{\rho}}{SE(\hat{\rho})} \tag{3-61}$$

在 H_0 成立的条件下，t 统计量的分布是非标准的，需要用蒙特卡洛模拟方法来得到其临界值。

首先，在 H_0 成立的条件下，按照数据生成过程得到 $\{y_t\}$。需要给出序列的初始值和确定样本容量 T，并让计算机产生误差序列 $\varepsilon_t \sim N(0,1)$，在此基础上按照式（3－60）得到 $y_2, y_3, \cdots, y_T$，即：

$$y_2 = y_1 + \varepsilon_2$$

$$y_3 = y_2 + \varepsilon_3$$

$$\cdots$$

$$y_T = y_{T-1} + \varepsilon_T$$

其次，$\{y_t\}$ 拟合模型式（3－60），并得到 t 统计量值。重复上面的过程 N 次，得到 N 次重复试验结果。通过这样的重复得出 t 统计量的分布值。将 N 个 t 值按照从小到大的顺序排列，5%的临界值就等于该分布的第5个百分点。

本书在模拟趋势结构断点序列协整方程的相关检验统计量临界值时，使用的主要方法是蒙特卡洛模拟试验方法。

二、蒙特卡洛模拟方法的步骤

一般进行蒙特卡洛模拟的步骤是：

（1）按所需的数据生成过程（data genrtating process，DGP）形成相关数据，其误差项由给定的分布产生；

（2）对数据进行相关的回归分析，并计算检验统计量；

（3）保存统计量值，返回第一步，并重复 N 次。为使统计量值有意义，N 的取值要很大，一般在几万次以上；

（4）将 N 次统计量值排序，得到相应概率的临界值。例如，$\alpha=0.01$，若相应的临界值是 -1.968，表示 $P(t<-1.968)=0.01$，也就是 N 个统计量值排序后，$N\times0.01$ 所对应的值是 -1.968。

三、Bootstrap 方法的思想及发展历程

单位根及协整检验的统计量多基于蒙特卡洛模拟的参数类检验方法得到其分布的临界值，由于参数的极限分布是非标准的，需要依赖于事先设定的模型形式，尤其对于随机扰动项的分布假定，一旦实际生成的数据与设定存在偏差，检验结果就会出现偏误；另外，参数解析式的结构都很复杂，推导过程过于繁琐。因此，越来越多的研究将非参数的 Bootstrap 方法应用于非平稳及非线性模型统计检验的研究中。Bootstrap 方法的核心思想是不依赖于外在的分布，每个样本总是其背后总体的最好代表，因此，基于样本自身寻找其背后总体分布是最好的方法。于是通过对样本数据有放回地重复抽样获取数据逼近总体分布，进行参数区间估计、假设检验以及统计量分布模拟。

Bootstrap 方法是由 Eforn（1979）提出的，该方法一经提出就受到了广泛的关注，20 世纪 80 年代以来，越来越多的学者从理论和应用方面对其进行了更深入的探索和扩展（严方笠，2020）。在理论研究方面，早期的研究主要集中于对 Bootstrap 抽样方法的阐述及扩展 ，以及 Bootstrap 方法与有着相同重复抽样思想的 Jackknife 方法的比较。

近年来，关于 Bootstrap 的理论研究更多的集中于以 Bootstrap 重复抽样思想为指导，针对不同数据类型和抽样对象而展开的方法创新。具体来讲包括 Sieve Bootstrap 方法、Block Bootstrap 方法、Stationary Bootstrap 方法、Wild

Bootstrap 方法、Pairs Bootstrap 方法、Bayesian Bootstrap 方法等。本书在后续研究中会使用到 Sieve Bootstrap 方法。Sieve Bootstrap 方法是由 Bühlmann（1997）提出的，其主要思路是在拟合参数模型的基础上，对模型残差序列进行有放回的随机重复抽样，利用抽样所得的残差序列计算得到原序列的若干个 Bootstrap 序列，进而进行统计分析。其主要适用于时间序列的抽样分析及统计检验中。

在应用研究方面，Bootstrap 方法在经济学、金融学、计算机科学、医学、军事等领域均得到了广泛的应用及发展，尤其是当这些领域的研究中涉及统计检验及统计推断时，运用 Bootstrap 方法可以有效地进行假设检验、区间估计、参数估计，以及统计检验。具体到计量经济学研究领域，Bootstrap 方法可以有效地应用于经济时间序列的平稳性检验、面板数据模型的统计检验、非平稳非线性时间序列模型的统计检验，模型参数及结构的稳定性检验等。

与传统方法不同，Bootstrap 方法并不需要对总体分布作假设或事先推导估计量的解析式，它要做的仅仅是重构样本并不断计算估计值，它本质上是一种非参数方法。因此，在分布假设太牵强或者解析式太难推导时，Bootstrap 就成为解决问题的另一种有效思路。越来越多的研究发现，在统计研究中，基于 Bootstrap 方法所得的检验方法及检验统计量明显的优于基于大样本下的渐近理论所得的检验方法和检验统计量。Hall and Horowitz（1996）的研究证实了在基于广义矩估计（GMM）的统计检验中，Bootstrap 方法的使用能够有效减少名义水平和真实水平间的误差，明显的优于大样本下的渐近理论。Diebold and Chen（1996）在含有内生断点的结构稳定性检验中发现，相较于渐近近似理论，Bootstrap 方法的引入能够有效改善检验统计量有限样本性质。Davidson and MacKinnon（1999）发现，相较于渐近近似理论下所得的检验统计量，Bootstrap 方法下检验统计量 Size 的扭曲程度明显较低，说明基于 Bootstrap 方法的检验统计量犯“弃真”错误的概率更小，Bootstrap 方法在计量分析中的优越性越来越显著（严方笠，2020）。

四、Bootstrap 方法的实现步骤

本书以 Sieve Bootstrap 方法为例，说明 Bootstrap 方法得到统计量分布的步骤。利用 Sieve Bootstrap 方法得到检验统计量分布的思路是：首先，对序列

拟合模型后得到的残差进行中心化处理，随后按序有放回地随机抽样，利用残差的抽样结果替代模型中原有的残差序列；其次，利用抽样后的残差序列及模型参数估计值生成新的序列，对新的序列重新拟合模型，利用拟合结果计算检验统计量值；最后，重复上述过程足够多次，将结果排序后得到统计量的分布及临界值。以单位根检验为例，Sieve Bootstrap 应用于单位根检验的过程为：

第一步，令 y_t 的差分值为 Δy_t，然后拟合 Δy_t 的 p 阶自回归模型，得到残差 $\{\varepsilon_t\}$ 序列，即：

$$\begin{aligned}\Delta y_t &= \hat{a}_1\Delta y_{t-1} + \cdots + \hat{a}_p\Delta y_{t-p} \\ \varepsilon_t &= \Delta y_t - \sum_{i=1}^{p} a_i\Delta y_{t-1}\end{aligned} \tag{3-62}$$

第二步，对残差序列 $\{\varepsilon_t\}$ 进行中心化处理（$\varepsilon_t - \bar{\varepsilon}$，$\bar{\varepsilon}$ 为残差序列均值），并对中心化后的序列进行有放回重复随机抽样，得到残差序列的 Bootstrap 抽样序列 $\{\varepsilon_t^*\}$。

第三步，利用 $\{\varepsilon_t^*\}$ 序列和参数估计值，得到新的 $\{\Delta y_t^*\}$，即：

$$\Delta y_t^* = \hat{a}_1\Delta y_{t-1}^* + \cdots + \hat{a}_p\Delta y_{t-p}^* + \varepsilon_t^* \tag{3-63}$$

第四步，利用 Δy_t 可以递推得到 $\{y_t\}$ 的 Bootstrap 抽样序列 $\{y_t^*\}$，其中，假设 $y_0^* = 0$。

$$y_t^* = y_0^* + \sum_{i=1}^{t}\Delta y_i^* \tag{3-64}$$

第五步，对 $\{y_t^*\}$ 序列拟合单位根检验式（3-65），得到参数估计值及 t 统计量值（式（3-66）），即：

$$y_t^* = \hat{\rho} y_{t-1}^* + \sum_{k=1}^{p}\rho_k\Delta y_{t-k}^* \tag{3-65}$$

$$t^* = \frac{\hat{\rho} - 1}{s(\hat{\rho})} \tag{3-66}$$

第六步，重复第二步到第五步 N 次，得到 t 统计量的分布。

蒙特卡洛模拟方法及 Bootstrap 方法都是通过几万次的生成数据（数值模拟）方法，得到统计量的分布及临界值；不同的是，蒙特卡洛模拟在生成数据时，需要借助外在的分布，如 iidN(0,1) 生成序列，而 Bootstrap 方法根据实际序列拟合后的残差序列得到序列值，这是它们的根本区别。

第七节　小　　结

1. 维纳过程和泛函中心极限定理是推导非平稳条件下统计量分布的工具，本书给出了常用的单位根条件下统计量的极限分布。

2. 用 logistic 函数表示的结构断点序列不是通常意义上的宽平稳序列。根据宽平稳的定义，我们考察了自协方差（r_k），尽管 r_k 显示只与时间间隔有关、而与时间起点无关，但其表达式同线性模型是不同的，有序列值的高次方，r_k 的性质发生了改变。另外，趋势结构断点序列图形显示，没有一条横线能贯穿其中，其均值不是常数。因此，结构断点序列不是宽平稳序列，用 ADF 统计量检验其平稳性是没有意义的。

3. 利用马尔科夫链的遍历性的性质，我们证实，趋势结构断点序列是严平稳序列，通过模型参数的联合取值保证了模型和序列的平稳性。

4. 结构断点序列的广义脉冲响应函数显示，冲击的正负、大小与响应值没有关联性，显示出非对称性及非线性，但是与序列的历史值有关。

5. 蒙特卡洛模拟试验方法与 Bootstrap 方法在模拟统计量分布临界值时，有本质差别。蒙特卡洛模拟试验方法需要借助假定的分布，而 Bootstrap 方法不需要借助任何假定分布，根据样本数据的重复抽样模拟统计量的临界值。

第四章　趋势结构断点序列单位根理论与检验

宏观经济时间序列的趋势特征中往往会包含多个结构断点，也就是说，在趋势特征中包含有明显的结构、机制变化。一些研究表明，在对这类序列进行单位根检验时，当考虑了序列的结构断点特征时，可能会得出相反的结论；同时，对于结构断点序列，许多研究使用基于线性模型的ADF统计量进行单位根检验，我们认为，趋势结构断点序列是非线性时间序列，应该有其适合单位根理论与检验方法。

因此，本书以logistic函数表示结构断点，在STR模型框架基础上，提出趋势结构断点序列单位根模型，给出在其中进行单位根检验的统计量及临界值，为后续的协整检验奠定基础，并将其应用于中国宏观经济数据分析中，从而准确识别序列的动态波动特征。

第一节　趋势结构断点序列模型及单位根检验

一、趋势结构断点序列模型及其特征

平滑转换模型（STR）是本书所提出的多结构趋势结构断点序列模型的基础，它最早是由Granger和Terävirta（1993）、Terävirta（1998）提出的，描述了被解释变量从一条回归线平滑转换到另一条回归线的状态，STR模型的一般形式如式（4－1）：

$$y_t=(\phi_{1,0}+\phi_{1,1}y_{t-1}+\cdots+\phi_{1,p}y_{t-p})(1-G(s_t;\gamma,c))+ \\ (\phi_{2,0}+\phi_{2,1}y_{t-1}+\cdots+\phi_{2,p}y_{t-p})G(s_t;\gamma,c)+\varepsilon_t \quad (4-1)$$

$$y_t=\phi_1'x_t(1-G(s_t;\gamma,c))+\phi_2'x_tG(s_t;\gamma,c)+\varepsilon_t \quad (4-2)$$

其中，$x_t=(1,\ \tilde{x}_t')'$，$\tilde{x}_t=(y_{t-1},\ \cdots,\ y_{t-p})'$，$\phi_i=(\phi_{i,0},\phi_{i,1},\cdots,\phi_{i,p})'$，$i=1,\ 2$。

在式（4－1）中，$G(\cdot)$ 可取 logistic 函数，则有：

$$G(s_t;\gamma,c)=\{1+\exp[-\gamma(s_t-c)]\}^{-1} \quad (4-3)$$

其中，γ 为转换速度参数，要求 $\gamma>0$。$G(s_t;r,\ c)$ 是连续函数，在 0 到 1 间变动；s_t 是转换变量，c 称为位置参数，是导致 y_t 序列变化的具体位置，在本书中将其定义为结构断点，可内生决定。

模型（4－2）中只包含一个转换函数，仅能描述两种机制、一个结构断点的情况。为了描述多种机制的转换情况，学者们采取不同方式将式（4－2）进行扩展，构建一个多机制的 STR 模型，主要可以分为两类，一类是只利用一个转换变量 s_t，另一类是利用多个转换变量 $s_{1t},\cdots,s_{mt}$。

以一个转换变量为 s_t 的三机制 STR 模型为例，通过增加一个转换函数的方式构成其基本表达式：

$$y_t=\phi_1'x_t+(\phi_2-\phi_1)'x_tG_1(s_t;\gamma_1,c_1)+(\phi_3-\phi_2)'x_tG_2(s_t;\gamma_2,c_2)+\varepsilon_t \quad (4-4)$$

其中，转换位置 $c_1<c_2$，转换速度参数 $\gamma>0$，自回归模型的参数随着转换变量 s_t 的增大，平滑地从 ϕ_1 到 ϕ_2 再到 ϕ_3，第一个转换函数 $G_1(\cdot)$ 从 0 变到 1，$G_2(\cdot)$ 随后也具有同样的变换。更一般地，通过增加转换函数的方式将其拓展到多机制（m 个机制），这样，就得到 $m-1$ 个转换速度参数 $\gamma_1,\cdots,\gamma_{m-1}$ 和 $m-1$ 个位置参数 $c_1,\cdots,c_{m-1}$，即 $m-1$ 个结构断点，模型如式（4－5）所示。

$$y_t=\phi_1'x_t+(\phi_2-\phi_1)'x_tG_1(s_t;\gamma_1,c_1)+(\phi_3-\phi_2)'x_tG_2(s_t;\gamma_2,c_2)+\cdots+ \\ (\phi_m-\phi_{m-1})'x_tG_{m-1}(s_t;\gamma_{m-1},c_{m-1})+\varepsilon_t \quad (4-5)$$

本书分析单变量时间序列的结构断点问题，选择的转换变量是时间项 t，便于识别转换的时间。另外，STR 模型线性部分有一阶和多阶形式，当估计模型（4－2）中包含过多未知参数时，会因为出现奇异矩阵而使参数无法估计，考虑到我国实际经济数据的样本容量本身都偏小，本书提出的多结构断点趋势模型形式为：

$$y_t = \rho y_{t-1} + \beta_0 + \beta_1 t + \alpha_{11} y_{t-1} G_1(\cdot) + \cdots + \alpha_{m1} y_{t-1} G_m(\cdot) + \varepsilon_t \tag{4-6}$$

其中，$(\beta_0 + \beta_1 t)$ 表示序列的线性趋势，转换函数 $G(\cdot)$ 表示序列的结构变化特征，转换变量为时间趋势项 t，c_i 为结构断点，而且 $c_1 < c_2 < \cdots < c_m$，转换函数 $G(\cdot)$ 表达式为：

$$G_i(t;\gamma_i, c_i) = (1 + \exp\{-\gamma_i(t - c_i)\})^{-1}, i = 1, 2, \cdots, m \tag{4-7}$$

二、趋势结构断点序列的单位根检验统计量

为了检测序列中是否存在单位根，基于模型（4－6），提出的单位根检验假设为：

$$\begin{aligned} &H_0: \rho = 1 \\ &H_1: \rho < 1 \end{aligned} \tag{4-8}$$

接受 H_0 表示序列是有趋势结构的单位根过程，拒绝 H_0 表示序列是有结构断点的趋势平稳序列。在包含一个结构断点的趋势转换模型中，假设转换变量为趋势项 t。在对序列进行单位根检验中，模型（4－6）中存在参数不可识别问题，按照通常作法，将转换函数在 $\gamma = 0$ 处进行三阶泰勒展开，如式（4－9）所示：

$$y_t = \rho y_{t-1} + \beta_0 + \beta_1 t + \alpha_{11} y_{t-1} t + \alpha_{12} y_{t-1} t^2 + \alpha_{13} y_{t-1} t^3 + \varepsilon_t \tag{4-9}$$

提出的检验统计量为：

$$t_\rho = \frac{\hat{\rho} - 1}{\eta} \tag{4-10}$$

其中，η 是 $\hat{\rho}$ 的标准差。在 H_0 成立的条件下，t_ρ 统计量的分布是非标准的，根据维纳过程和泛函中心极限定理得到 t_ρ 统计量的极限分布。

首先，给出 ρ 和 η 估计值的表达式，假设：$\boldsymbol{\beta} = [\rho, \beta_0, \beta_1, \alpha_{11}, \alpha_{12}, \alpha_{13}]'$，$\mathbf{X}_t = (y_{t-1}, 1, t, y_{t-1}t, y_{t-1}t^2, y_{t-1}t^3)'$。根据参数的 OLS 估计则有：

$$\hat{\boldsymbol{\beta}} - \boldsymbol{\beta} = \left[\sum \mathbf{X}_t \mathbf{X}_t'\right]^{-1} \sum \mathbf{X}_t \varepsilon_t \tag{4-11}$$

为便于分析，这里给出所有参数的估计值（$\hat{\boldsymbol{\beta}} - \boldsymbol{\beta}$），矩阵（4－11）的第一行就是 $\hat{\rho}$ 的估计值，其中：

$$\sum \mathbf{X}_t \mathbf{X}_t' = \begin{pmatrix} \sum y_{t-1}^2 & \sum y_{t-1} & \sum y_{t-1}t & \sum y_{t-1}^2 t & \sum y_{t-1}^2 t^2 & \sum y_{t-1}^2 t^3 \\ \sum y_{t-1} & 1 & t & \sum y_{t-1}t & \sum y_{t-1}t^2 & \sum y_{t-1}t^3 \\ \sum y_{t-1}t & t & t^2 & \sum y_{t-1}t^2 & \sum y_{t-1}t^3 & \sum y_{t-1}t^4 \\ \sum y_{t-1}^2 t & \sum y_{t-1}t & \sum y_{t-1}t^2 & \sum y_{t-1}^2 t^2 & \sum y_{t-1}^2 t^3 & \sum y_{t-1}^2 t^4 \\ \sum y_{t-1}^2 t^2 & \sum y_{t-1}t^2 & \sum y_{t-1}t^3 & \sum y_{t-1}^2 t^3 & \sum y_{t-1}^2 t^4 & \sum y_{t-1}^2 t^5 \\ \sum y_{t-1}^2 t^3 & \sum y_{t-1}t^3 & \sum y_{t-1}t^4 & \sum y_{t-1}^2 t^4 & \sum y_{t-1}^2 t^5 & \sum y_{t-1}^2 t^6 \end{pmatrix} \tag{4-12}$$

$$\sum \mathbf{X}_t \varepsilon_t = \begin{pmatrix} \sum y_{t-1}\varepsilon_t \\ \sum \varepsilon_t \\ \sum t\varepsilon_t \\ \sum y_{t-1}t\varepsilon_t \\ \sum y_{t-1}t^2\varepsilon_t \\ \sum y_{t-1}t^3\varepsilon_t \end{pmatrix} \tag{4-13}$$

其次，统计量 t_ρ 可以表示为式（4-14）：

$$t_\rho = \frac{\hat{\rho}-1}{\eta} = \frac{\hat{\rho}-1}{SE(\hat{\rho})} \tag{4-14}$$

其中，$\hat{\rho}$ 的期望为 $E(\hat{\rho})=\rho$，标准误为 $SE(\hat{\rho}) = \sqrt{\hat{\sigma}^2 / \sum y_{t-1}^2}$，$\hat{\sigma}^2$ 为模型残差 ε_t 的方差估计值。

为了得到 t_ρ 统计量的分布，首先给出（$\hat{\boldsymbol{\beta}}-\boldsymbol{\beta}$）的分布，令：

$$\mathbf{s}_t = \begin{pmatrix} 1 & & & & & \\ & T^{\frac{1}{2}} & & & & \\ & & T & & & \\ & & & T^{\frac{3}{2}} & & \\ & & & & T^2 & \\ & & & & & T^{\frac{5}{2}} \end{pmatrix} \tag{4-15}$$

对（$\hat{\boldsymbol{\beta}}-\boldsymbol{\beta}$）左乘 $\mathbf{s}_t T$，则有：

$$\mathbf{s}_t T(\hat{\boldsymbol{\beta}} - \boldsymbol{\beta}) = [(\mathbf{s}_t^{-1} T^{-1} \sum \mathbf{X}_t \mathbf{X}_t{'})\mathbf{s}_t^{-1} T^{-1}]^{-1} (\mathbf{s}_t^{-1} T^{-1} \sum \mathbf{X}_t \varepsilon_t) \tag{4-16}$$

其中，

$$\mathbf{s}_t^{-1} T^{-1} \sum \mathbf{X}_t \mathbf{X}_t' \mathbf{s}_t^{-1} T^{-1} =$$

$$\begin{pmatrix} T^{-2}\sum y_{t-1}^2 & T^{-\frac{5}{2}}\sum y_{t-1} & T^{-3}\sum y_{t-1}t & T^{-\frac{7}{2}}\sum y_{t-1}^2 t & T^{-4}\sum y_{t-1}^2 t^2 & T^{-\frac{9}{2}}\sum y_{t-1}^2 t^3 \\ T^{-\frac{5}{2}}\sum y_{t-1} & T^{-3} & T^{-\frac{7}{2}}\sum t & T^{-4}\sum y_{t-1}t & T^{-\frac{9}{2}}\sum y_{t-1}t^2 & T^{-5}\sum y_{t-1}t^3 \\ T^{-3}\sum y_{t-1}t & T^{-\frac{7}{2}}\sum t & T^{-4}\sum t^2 & T^{-\frac{9}{2}}\sum y_{t-1}t^2 & T^{-5}\sum y_{t-1}t^3 & T^{-\frac{11}{2}}\sum y_{t-1}t^4 \\ T^{-\frac{7}{2}}\sum y_{t-1}^2 t & T^{-4}\sum y_{t-1}t & T^{-\frac{9}{2}}\sum y_{t-1}t^2 & T^{-5}\sum y_{t-1}^2 t^2 & T^{-\frac{11}{2}}\sum y_{t-1}^2 t^3 & T^{-6}\sum y_{t-1}^2 t^4 \\ T^{-4}\sum y_{t-1}^2 t^2 & T^{-\frac{9}{2}}\sum y_{t-1}t^2 & T^{-5}\sum y_{t-1}t^3 & T^{-\frac{11}{2}}\sum y_{t-1}^2 t^3 & T^{-6}\sum y_{t-1}^2 t^4 & T^{-\frac{13}{2}}\sum y_{t-1}^2 t^5 \\ T^{-\frac{9}{2}}\sum y_{t-1}^2 t^3 & T^{-5}\sum y_{t-1}t^3 & T^{-\frac{11}{2}}\sum y_{t-1}t^4 & T^{-6}\sum y_{t-1}^2 t^4 & T^{-\frac{13}{2}}\sum y_{t-1}^2 t^5 & T^{-7}\sum y_{t-1}^2 t^6 \end{pmatrix} \tag{4-17}$$

根据维纳过程和泛函中心极限定理得到 $\mathbf{s}_t^{-1} T^{-1} \sum \mathbf{X}_t \mathbf{X}_t' \mathbf{s}_t^{-1} T^{-1}$ 的极限分布，用 $Q(\cdot)$ 表示：

$$\mathbf{s}_t^{-1} T^{-1} \sum \mathbf{X}_t \mathbf{X}_t' s_t^{-1} T^{-1} \xrightarrow{L} Q(\cdot) =$$

$$\begin{pmatrix} \sigma^2\int_0^1 [W(r)]^2 dr & \sigma\int_0^1 W(r)dr & \sigma\int_0^1 rW(r)dr & \sigma^2\int_0^1 r[W(r)]^2 dr & \sigma^2\int_0^1 r^2[W(r)]^2 dr & \sigma^2\int_0^1 r^3[W(r)]^2 dr \\ \sigma\int_0^1 W(r)dr & 1 & \frac{1}{2} & \sigma\int_0^1 rW(r)dr & \sigma\int_0^1 r^2 W(r)dr & \sigma\int_0^1 r^3 W(r)dr \\ \sigma\int_0^1 rW(r)dr & \frac{1}{2} & \frac{1}{3} & \sigma\int_0^1 r^2 W(r)dr & \sigma\int_0^1 r^3 W(r)dr & \sigma\int_0^1 r^4 W(r)dr \\ \sigma^2\int_0^1 r[W(r)]^2 dr & \sigma\int_0^1 rW(r)dr & \sigma\int_0^1 r^2 W(r)dr & \sigma^2\int_0^1 r^2[W(r)]^2 dr & \sigma^2\int_0^1 r^3[W(r)]^2 dr & \sigma^2\int_0^1 r^4[W(r)]^2 dr \\ \sigma^2\int_0^1 r^2[W(r)]^2 dr & \sigma\int_0^1 r^2 W(r)dr & \sigma\int_0^1 r^3 W(r)dr & \sigma^2\int_0^1 r^3[W(r)]^2 dr & \sigma^2\int_0^1 r^4[W(r)]^2 dr & \sigma^2\int_0^1 r^5[W(r)]^2 dr \\ \sigma^2\int_0^1 r^3[W(r)]^2 dr & \sigma\int_0^1 r^3 W(r)dr & \sigma\int_0^1 r^4 W(r)dr & \sigma^2\int_0^1 r^4[W(r)]^2 dr & \sigma^2\int_0^1 r^5[W(r)]^2 dr & \sigma^2\int_0^1 r^6[W(r)]^2 dr \end{pmatrix} \tag{4-18}$$

同理，得到 $\mathbf{s}_t^{-1} T^{-1} \sum \mathbf{X}_t \varepsilon_t$ 的极限分布，用 $h(\cdot)$ 表示：

$$
\mathbf{s}_t^{-1}T\sum \mathbf{X}_t\varepsilon_t = \begin{pmatrix} T^{-1}\sum y_{t-1}\varepsilon_t \\ T^{-\frac{3}{2}}\sum \varepsilon_t \\ T^{-2}\sum t\varepsilon_t \\ T^{-\frac{5}{2}}\sum y_{t-1}t\varepsilon_t \\ T^{-3}\sum y_{t-1}t^2\varepsilon_t \\ T^{-\frac{7}{2}}\sum y_{t-1}t^3\varepsilon_t \end{pmatrix} \xrightarrow{L} h(\cdot) = \begin{pmatrix} \sigma^2\int_0^1 W(r)dW(r) \\ \sigma\cdot W(1) \\ \sigma\cdot W(1)-\sigma\int_0^1 W(r)dr \\ \sigma^2\int_0^1 rW(r)dW(r) \\ \sigma^2\int_0^1 r^2W(r)dW(r) \\ \sigma^2\int_0^1 r^3W(r)dW(r) \end{pmatrix} \tag{4-19}
$$

由此，$\mathbf{s}_tT(\hat{\boldsymbol{\beta}}-\boldsymbol{\beta})$ 的分布可以表示为 $Q^{-1}(\cdot)h(\cdot)$，其的首行即为 $\hat{\rho}-1$ 的分布。于是，式（4－14）可以变形为：

$$
t_\rho = \frac{\hat{\rho}-1}{\eta} = \frac{\hat{\rho}-1}{SE(\hat{\rho})} = \frac{(\hat{\rho}-1)\left(\sum y_{t-1}^2\right)^{\frac{1}{2}}}{\hat{\sigma}}
$$

$$
= \frac{s_tT(\hat{\rho}-1)\left(\frac{1}{s_t^2T^2}\sum y_{t-1}^2\right)^{\frac{1}{2}}}{\hat{\sigma}} \tag{4-20}
$$

由于对角阵 $\mathbf{s}_t$ 的首行为 1，因此，$\mathbf{s}_t^{-1}\left(T^{-2}\sum y_{t-1}^2\right)^{1/2}$ 等价于 $\left(T^{-2}\sum y_{t-1}^2\right)^{1/2}$，而 $T^{-2}\sum y_{t-1}^2\Rightarrow\sigma^2\int_0^1[W(r)]^2dr$，由此得到 t_ρ 统计量的极限分布。

对于大于等于 2 的结构断点，在一个结构断点表示函数 $G(\cdot)$ 的三阶泰勒展式的基础上，又增加一个转换函数，它的三阶泰勒展式的变量是不变的，从模型拟合角度看，相同的转换变量可以合并，因此，t_ρ 统计量的分布是不变的，即不受断点数的影响。

本书先后将数量不同（$m=1,2,\cdots,5$）的 logistic 函数引入趋势结构断点模型，通过 20000 次蒙特卡洛模拟试验，得出单位根检验统计量的临界值，样本容量为 $T=\{25,50,100,250\}$，具体结果如表 4－1 所示。

表 4-1　趋势结构断点序列单位根检验统计量临界值（$m=1,2,3,4,5$）

T	t_ρ			
	0.01	0.025	0.05	0.10
25	-3.249	-2.791	-2.399	-1.960
50	-3.281	-2.866	-2.533	-2.134
100	-3.392	-2.999	-2.669	-2.241
250	-3.447	-3.026	-2.690	-2.316

由表 4-1 可知：第一，蒙特卡洛模拟试验显示，单位根检验统计量临界值不受断点数的影响，都是相同的。第二，基于本书提出的结构断点趋势模型所得到的统计量的临界值与 DF 统计量的临界值有差异，这是由于检验模型中引入了非线性部分。

第二节　单位根检验统计量有限样本性质比较

一、单位根检验统计量的功效

检验统计量的功效（Power）是指在备择假设成立的条件下，在名义显著性水平下，考察统计量拒绝原假设的概率，从而检验单位根检验统计量在有限样本下区别原假设和备选假设的能力。因此，一个统计量的功效越接近于 1 越好。

为了考察本书提出的 t_ρ 统计量检验结构断点序列平稳性的能力，在蒙特卡洛模拟实验中，首先需要在多结构断点趋势平稳情况下生成数据，即结合模型（4-9）及式（4-21）中的备择假设 $H_1(\rho<1)$，通过设定不同参数的值，依次生成 5 个包含不同结构断点个数的趋势转换序列，分别记为 DGP1，DGP2，…，DGP5。各数据生成过程线性部分的趋势项和常数项参数的设定都相同，即 $\beta_0=3.5$，$\beta_1=1.3$，而各转换函数的参数设定中，转换速度参数设定为 $\gamma_i=\{0.1,0.01\}$，但其他参数的设定有所不同，具体见表 4-2。另外，假设残差项 $\varepsilon_t\sim i.i.dN(0,1)$，初始值 $y_0=0$，样本容量为 $T=\{50,100\}$，名

义显著性水平为 $\alpha=0.05$。为了便于比较，还通过蒙特卡洛实验给出了针对DGP1,DGP2,…,DGP5进行DF单位根检验时，检验统计量的功效。

$$y_t=\rho y_{t-1}+\alpha+\delta t \tag{4-21}$$

本书考察和比较检验统计量功效的主要思路是：首先，对所生成的5个时间序列（DGP1,DGP2,…,DGP5）分别拟合模型（4-9）和模型（4-21）；其次，分别利用两个模型中一阶自回归项参数及其标准误的估计值计算 t 统计量的值；再次，将计算所得的模型（4-9）中 t_ρ 统计量的值与表4-1中 $\alpha=0.05$ 时对应的临界值进行比较，将模型（4-21）中计算所得的 t_{DF} 统计量的值与0.05显著性水平下DF统计量的临界值进行比较；最后，重复2000次上述过程，计算2000个 t 值小于临界值、拒绝存在单位根原假设的概率。由于5个数据生成过程都是基于模型（4-9）产生的多结构断点趋势平稳序列，若拒绝单位根的原假设，则表明统计量能够有效检验出序列的平稳性质，具有较好的检验功效，因此，拒绝原假设的概率越高，则说明统计量具有越好的检验功效。经过各2000次重复实验得到两类统计量的检验功效，见表4-2。

表4-2　趋势结构断点序列单位根检验 t_ρ 统计量功效

	γ	$T=50$		$T=100$		
		DGP1（$m=1$）	DGP2（$m=2$）	DGP3（$m=1$）	DGP4（$m=2$）	DGP5（$m=3$）
t_ρ	0.1	0.9915	0.998	1	1	1
	0.01	1	1	1	1	1
t_{DF}	0.1	0.7285	0.895	0.0625	1	1
	0.01	0.903	0.926	0.356	0.4945	0.577

注：5种数据生成过程的参数设定如下：

DGP1（$m=1$）中，$\rho=0.7$，$\alpha_{11}=-0.2$，$c_1=25$；

DGP2（$m=2$）中，$\rho=0.7$，$\alpha_{11}=-0.2$，$\alpha_{21}=-0.1$，$c_1=13$，$c_2=38$；

DGP3（$m=1$）中，$\rho=0.7$，$\alpha_{11}=-0.2$，$c_1=65$；

DGP4（$m=2$）中，$\rho=0.7$，$\alpha_{11}=-0.2$，$\alpha_{21}=-0.1$，$c_1=25$，$c_2=75$；

DGP5（$m=3$）中，$\rho=0.7$，$\alpha_{11}=-0.2$，$\alpha_{21}=-0.1$，$\alpha_{31}=-0.1$，$c_1=13$，$c_2=45$，$c_3=75$。

由表4-2可知：第一，本书提出的多结构断点趋势平稳性检验统计量 t_ρ，在转换速度、样本容量及结构断点数变化情况下，均能够在0.05的显著性水平下拒绝存在单位根的原假设，拒绝概率均在0.99～1之间，具有较高的检验功效，且大样本下统计量的功效更优。第二，DF检验统计量的检验功效差异较大，与样本容量、转换速度有关。在$\gamma=0.01$时，DF检验统计量拒绝原假设的概率普遍小于0.95（即：$1-\alpha$），且大样本下的统计量的功效仅在0.5左右，普遍低于小样本下的功效。随着转换速度的增大，在$\gamma=0.1$时，统计量的功效有所下降，甚至在针对DGP3的DF检验中，拒绝概率仅有0.0625。另外，生成数据时所包含的结构断点数m的增加能够有效提升检验统计量的功效。因此，说明DF统计量的稳健性较差。

事实上，5种数据生成过程均是基于模型（4-9）及其备择假设生成的有结构断点的趋势平稳序列，而DF检验统计量却不能在0.05的显著性水平下有效拒绝序列是单位根过程的原假设，将其识别为有趋势的平稳过程，显然是错误的，这一定程度上也体现出本书所提出的多结构断点趋势平稳性检验统计量的必要性。

二、单位根检验统计量的检验水平

统计量的检验水平（Size）是指在原假设成立的条件下，依据名义显著性水平对应的临界值，考察检验统计量拒绝原假设的概率，因此，一个好的统计量的检验水平（Size）应该接近于名义显著性水平，表明统计量分布的合理性。

在蒙特卡洛模拟实验中，基于模型（4-9）的原假设（H_0：$\rho=1$）生成数据，残差项设定为$\varepsilon_t \sim i.i.dN(0,1)$，初始值设定为$y_0=0$，样本容量分别设定为$T=\{25,50,100,250\}$，因此，所生成的序列属于带趋势结构断点的单位根过程。

本书考察和比较统计量检验水平的主要思路是：首先，对所生成的带趋势的单位根过程拟合模型（4-9）；其次，利用模型一阶自回归项参数及其标准误计算t_ρ统计量的值；再次，将计算所得的模型（4-9）中t_ρ统计量的值与表4-1中$\alpha=0.05$时对应的临界值进行比较；最后，重复2000次上述过程，计算2000个t_ρ值小于$\alpha=0.05$时的临界值、拒绝存在趋势结构断点单位根的原假设的概率。由于数据生成过程是根据模型（4-9）的原假设成立的条件下产生的，属于带趋势结构断点的单位根序列，经检验若拒绝存在单位根的原假设，则表明统计量不能有效检验出序列的非平稳性质，因此，拒绝原假设的概率越接近名义显著性水平，说明统计量具有较好的检验水平，说明统计量的分布更具有合理性。经过各2000次重复实验得到统计量的检验水平，结果见表4－3。

表4－3　　趋势结构断点单位根检验 t_ρ 统计量检验水平

T	m				
	1	2	3	4	5
25	0.0535	0.0455	0.0480	0.0525	0.0485
50	0.0525	0.0440	0.0505	0.0460	0.0530
100	0.0450	0.0545	0.0570	0.0455	0.0495
250	0.0545	0.0490	0.0425	0.0530	0.0550

由表4－3可知，结构断点趋势模型中的单位根检验统计量 t_ρ 具有较好的检验水平，其Size基本都处于0.05左右，说明所提出的检验统计量 t_ρ 具有较为合理的分布。

第三节　中国宏观经济数据趋势结构断点单位根检验实证研究

学界普遍认为宏观经济数据具有非平稳性，实证分析时往往先采用ADF、PP等单位根检验方法对数据进行平稳性检验，然而本书的研究发现，宏观经济变量中所谓的“非平稳性”有可能是因为序列中存在趋势结构断点所造成的一种假象，若能将这种结构断点因素纳入检验模型一并考虑，则传统意义上认为的“非平稳”时间序列经检验有可能属于包含结构断点的趋势平稳序列。

为了更准确地识别宏观经济时间序列的平稳性质，本书选取中国宏观经济数据进行建模并检验，所选的宏观经济变量为：1999年1月—2019年5月中国出口总额（EX）、进口总额（IM）、固定资产投资额（IIFA）、政府收入（GI），以及1998年8月—2018年12月中国外汇储备（FER）。所有数据均取自然对数，并经过 X－12 季节调整。

首先，利用 ADF 检验统计量对各宏观经济变量进行单位根检验，检验结果见表 4－4。

表 4－4　　中国宏观经济变量 ADF 统计量检验结果表

	模型形式	ADF 值	P 值	结论
ln(*EX*)	(c,t,2)	－0.7682	0.9660	非平稳
ln(*IM*)	(c,t,2)	－1.2263	0.9022	非平稳
ln(*IIFA*)	(c,t,14)	－0.3838	0.9889	非平稳
ln(*GI*)	(c,t,2)	－1.7020	0.7477	非平稳
ln(*FER*)	(c,t,15)	－1.2604	0.8946	非平稳

注：①ADF 检验统计量在 $n=245$ 时，在 1%，5% 显著性水平下临界值分别为 －3.998，－3.429；②形式（c,t,p）表示 ADF 检验时，检验方程中所含有的常数项、时间趋势项及滞后阶数。

根据表 4－4 可知，按照 ADF 统计量检验的结果，在 5% 的显著性水平下，各宏观经济变量均接受单位根过程的原假设，且其单位根检验模型中均存在趋势项，因此，传统的单位根检验结果认为，以上各宏观经济变量均为有趋势的非平稳过程。

其次，为便于比较，利用上述宏观经济数据拟合本书提出的多结构断点趋势模型，并采用该模型下的单位根检验统计量 t_ρ，对各经济变量的生成过程进行检验。

在实际检验中，需要确定模型中结构断点的个数，即机制转换次数。总体来说，有两种方法。

第一种方法：按照 Dijk（1999）作法，由于平滑转换函数参数的不可识别性，在模型（4－6）中 $m=1$ 的情况下，将其转换函数 $G_1(\cdot)$ 通过三阶泰勒展式展开，得到式（4－22）：

$$y_t=\rho y_{t-1}+\beta_0+\beta_1 t+\alpha_{11}y_{t-1}t+\alpha_{12}y_{t-1}t^2+\alpha_{13}y_{t-1}t^3+\varepsilon_t \qquad (4-22)$$

对模型（4－22）进行线性检验的假设条件为：

$$H_0:\alpha_{11}=\alpha_{12}=\alpha_{13}=0;H_1:\alpha_{11},\alpha_{12},\alpha_{13}\text{至少有一个不为零} \qquad (4-23)$$

对模型（4－22）在施加原假设 H_0：$\alpha_{11}=\alpha_{12}=\alpha_{13}=0$ 的约束前后分别进行拟合，并利用两次拟合模型得到的剩余平方和构建 LM 型统计量，如式（4－24），从而有效检验模型中是否存在非线性部分。

$$LM = \frac{T(SSR_0 - SSR_1)}{SSR_1} \sim \chi^2(p) \tag{4-24}$$

若检验统计量拒绝原假设，则说明时间序列中存在1个结构断点，在此基础上，需进一步增加转换函数 $G_2(\cdot)$，检验是否存在更多的结构断点。和 $G_1(\cdot)$ 一样，需要通过一个三阶泰勒展式将 $G_2(\cdot)$ 展开，并构建LM统计量进行线性检验。

$$e_t = \beta_1 y_{t-1} t + \beta_2 y_{t-1} t^2 + \beta_3 y_{t-1} t^3 \tag{4-25}$$

e_t 是模型（4-22）的残差，检验是否需要 $G_2(\cdot)$ 的表达式为式（4-24），利用模型（4-25）的拟合优度 R^2 构建检验统计量 $nR^2 \sim \chi^2(3)$。这里拟合优度检验统计量的使用类似于ARCH效应的检验，通过模型整体拟合情况来检测残差中是否还有残存的非线性特征。

第二种方法：利用信息准则方法。Sandberg（2018）指出也可以采用BIC信息准则来判断结构断点的个数。其主要思路是：假设 $1 \leqslant m \leqslant 5$，在式（4-6）的拟合结果中，选取使得BIC信息准则最小时为最优结构断点次数。通过数据试验证实，上述两种方法针对同一时间序列所确定出的最优断点次数是一样的。为便于实际应用，选取使BIC信息准则最小的方法来确定最优断点次数，拟合多结构断点趋势模型，并基于此进行单位根检验，见表4-5。

表4-5　中国宏观经济变量多结构断点趋势模型中断点次数的确定

m	BIC信息准则				
	1	2	3	4	5
ln（*EX*）	-1286.162	-1290.869	**-1294.465**	-1289.930	-1276.820
ln（*IM*）	-1212.365	-1220.832	-1242.802	-1248.909	**-1257.312**
ln（*IIFA*）	**-1548.581**	-1512.163	-1472.207	-1449.817	-1436.463
ln（*GI*）	-1176.634	**-1217.511**	-1202.229	-1208.019	-1192.784
ln（*FER*）	-2135.412	**-2146.261**	-2129.313	-2116.852	-2109.374

由表4-5可知，EX、IM、IIFA、GI、FER各变量拟合多结构断点趋势模型时，最优断点次数分别为：3、5、1、2、2。基于此，对各变量拟合多结构断点趋势模型，结果见表4-6及图4-1至图4-5。

表 4－6　中国宏观经济变量多结构断点趋势模型的参数估计结果

	ln(*EX*) (*m*=3)	ln(*IM*) (*m*=5)	ln(*IIFA*) (*m*=1)	ln(*GI*) (*m*=2)	ln(*FER*) (*m*=2)
t_ρ	－1. 5429	－10. 7206##	－7. 1644##	－9. 8564##	－2. 6037#
$\hat{\beta}_0$	1. 1499 [1. 5838]	5. 4983 [10. 7599]***	5. 8808 [6. 8900]***	2. 6322 [9. 6135]***	0. 3502 [2. 6160]***
$\hat{\beta}_1$	0. 0020 [1. 6846]*	0. 0009 [9. 2612]***	0. 0020 [4. 0666]***	0. 0092 [9. 6135]***	0. 0002 [1. 6673]*
$\hat{\rho}$	0. 8830 [11. 6394]***	0. 4210 [7. 7941]***	0. 5136 [7. 5645]***	0. 4071 [6. 7672]***	0. 9500 [49. 5111]***
$\hat{\alpha}_{11}$	－0. 0079 [－1. 6973]*	0. 0127 [3. 8097]***	0. 1853 [7. 9999]***	0. 0074 [1. 9254]*	0. 0142 [2. 4669]**
$\hat{\gamma}_1$	3. 0014 [0. 7521]	0. 2843 [2. 3550]**	0. 0158 [28. 2877]***	3. 0164 [0. 6273]	0. 04673 [4. 5646]***
$\hat{c}_1$	117. 9092 [204. 2867]***	51. 2580 [19. 4900]***	63. 0000 [21. 9056]***	123. 5106 [135. 1592]***	47. 0040 [6. 0982]***
$\hat{\alpha}_{21}$	0. 0037 [2. 8539]***	－0. 0345 [－6. 7120]***	— —	－0. 0864 [－5. 2904]***	－0. 0025 [－3. 3113]***
$\hat{\gamma}_2$	1. 0028 [3. 2581]***	3. 5202 [1. 6854]*	— —	0. 0433 [5. 6372]***	0. 3187 [2. 1030]**
$\hat{c}_2$	123. 9893 [72. 8882]***	117. 6400 [475. 5564]***	— —	204. 8952 [34. 9670]***	194. 0000 [60. 1967]***
$\hat{\alpha}_{31}$	－0. 0087 [－2. 4640]***	0. 0235 [5. 0898]***	— —	— —	— —
$\hat{\gamma}_3$	0. 8690 [17. 6216]***	10. 1020 [1. 0914]	— —	— —	— —
$\hat{c}_3$	194. 9662 [7. 5679]***	120. 5500 [260. 9120]***	— —	— —	— —
$\hat{\alpha}_{41}$	— —	－0. 0576 [－8. 4570]***	— —	— —	— —

续表

	ln(*EX*) (*m*=3)	ln(*IM*) (*m*=5)	ln(*IIFA*) (*m*=1)	ln(*GI*) (*m*=2)	ln(*FER*) (*m*=2)
$\hat{\gamma}_4$	— —	0.0947 [9.3682]***	— —	— —	— —
$\hat{c}_4$	— —	191.3600 [144.8531]***	— —	— —	— —
$\hat{\alpha}_{51}$	— —	0.0043 [2.2871]**	— —	— —	— —
$\hat{\gamma}_5$	— —	1.1622 [1.6736]*	— —	— —	— —
$\hat{c}_5$	— —	207.6100 [457.312]***	— —	— —	— —

注：①中括号内数据表示参数估计值对应的 t 值；

②*，**，***分别表示在10%，5%，1%的显著性水平下显著；

③#，##分别表示在10%，1%的显著性水平下拒绝单位根的原假设。

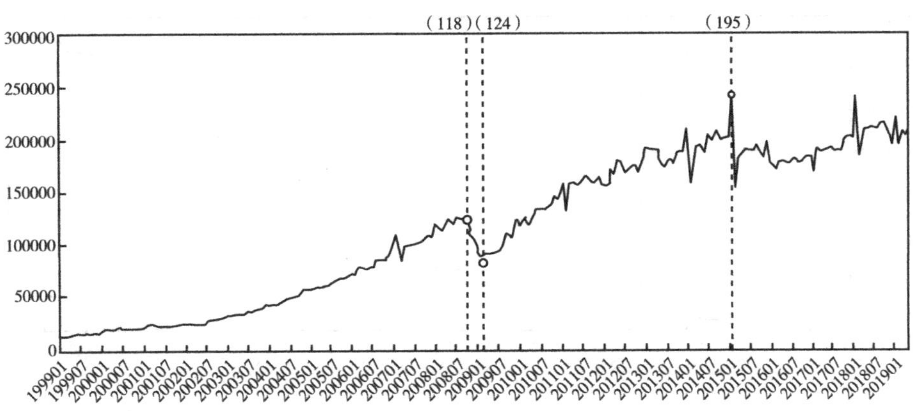

图4-1　1999年1月—2019年5月中国出口总额（单位：百万美元）

注：①数据来源CEIC数据库；

②图中为季节调整后的出口总额；

③第118期、124期、195期分别对应2008年10月、2009年4月和2015年3月的数据值。

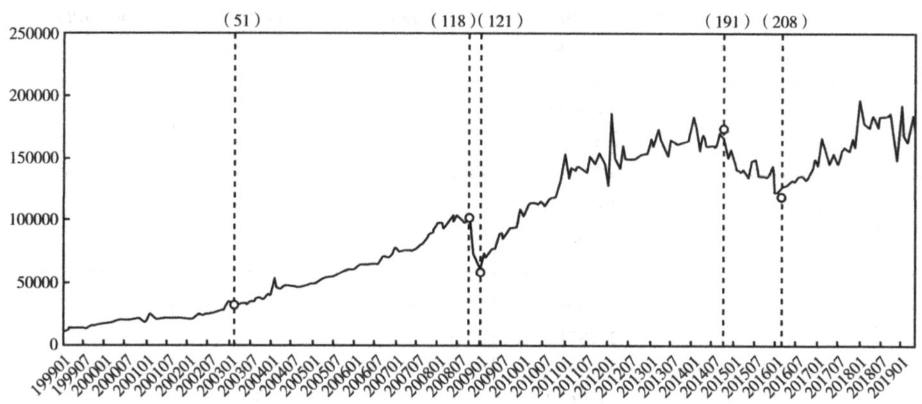

图 4－2　1999 年 1 月—2019 年 5 月中国进口总额（单位：百万美元）

注：①数据来源：CEIC 数据库；

②图中为季节调整后的进口总额；

③第 51 期、118 期、121 期、191 期、208 期分别对应 2003 年 3 月、2008 年 10 月、2009 年 1 月、2014 年 11 月和 2016 年 4 月的数据值。

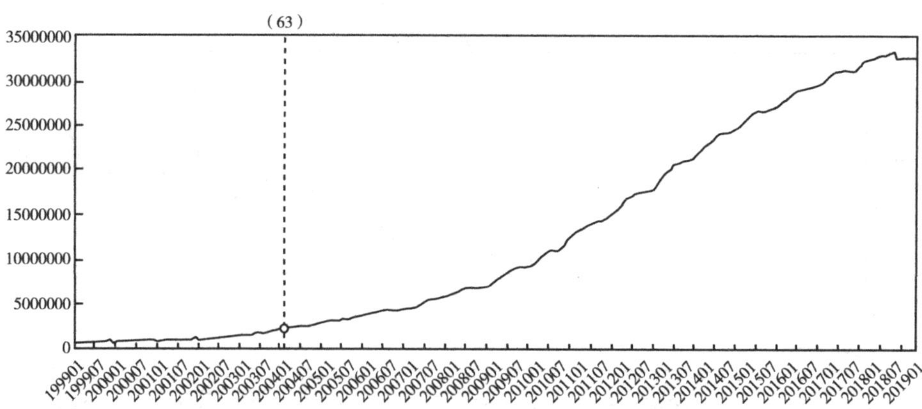

图 4－3　1999 年 1 月—2019 年 5 月中国固定资产投资（累计）额（单位：百万元人民币）

注：①数据来源：CEIC 数据库；

②图中为季节调整后的固定资产投资额；

③第 63 期对应 2004 年 3 月的数据值。

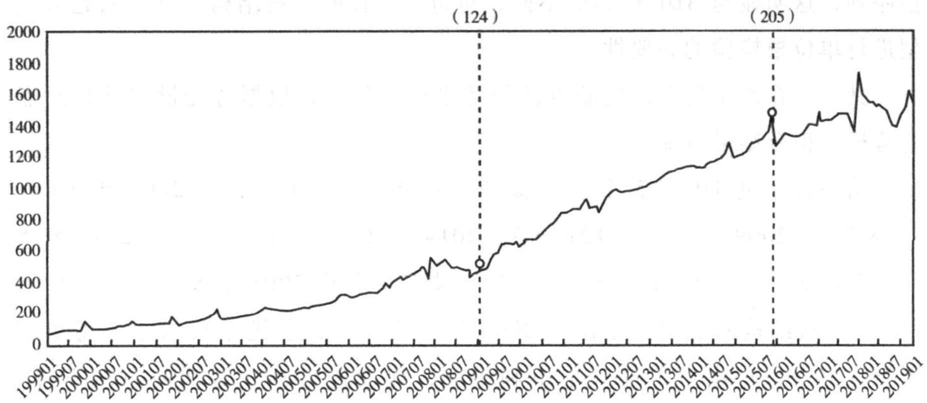

图 4 - 4　1999 年 1 月—2019 年 5 月中国财政收入（单位：十亿元人民币）

注：①数据来源：CEIC 数据库；

②图中为季节调整后的财政收入额；

③第 124 期、205 期分别对应 2009 年 4 月和 2016 年 1 月的数据值。

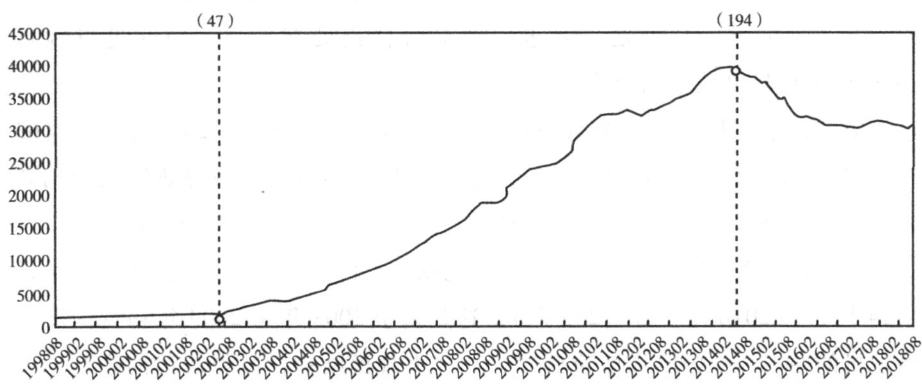

图 4 - 5　1998 年 8 月—2008 年 12 月中国外汇储备（单位：亿美元）

注：①数据来源：中宏产业数据库；

②图中为季节调整后的外汇储备；

③第 47 期、194 期分别对应 2002 年 6 月和 2014 年 9 月的数据值。

由表 4 - 6 可知：其一，将各经济变量基于多结构断点趋势模型的单位根检验统计量 t_ρ 的值与表 4 - 1 中统计量 t_ρ 的临界值进行比较，可以知道：EX 序列的 t_ρ 统计量值在各显著性水平下均不能有效地拒绝原假设，即 EX 属于带趋势的单位根过程，该结论与 ADF 统计量检验一致；在 1% 的显著性水平下，IM、IIFA、GI 序列均拒绝了原假设，而 FER 序列在 10% 的显著性水平下拒绝了原假设，说明序列 IM、IIFA、GI、FER 属于包含结构断点的趋势平稳序列，这明显与 ADF 检验的不同，也进一步证明了将结构断点引入趋势模型进行单位根检验的必要性。

其二，在四个包含结构断点的趋势平稳序列中，根据各变量多结构断点趋势模型拟合结果可知：

第一，序列 IM 有 5 个结构断点，由图 4－2 可知，以 2008 年 10 月（118 期）、2009 年 1 月（121 期）、2014 年 11 月（191 期）及 2016 年 8 月（208 期）的趋势结构断点态势较为明显，其中 2008 年 10 月及 2009 年 1 月的两次结构断点主要是由于 2008 年全球性金融危机导致国际市场经济下行，对中国进出口贸易产生不利影响，促使进口额在短期内急剧下降，而为了应对金融危机的冲击，中国政府迅速推行“稳外需，扩进口”的政策措施，促使进口额自 2009 年 1 月起转跌为升；2014 年 11 月及 2016 年 8 月的两个结构断点主要是由于 2014 年底至 2015 年初人民币汇率贬值冲击导致进口额下降，而在 2016 年下半年开始，人民币汇率贬值速度下降，并有一定程度的回升，加之主要进口商品价格仍处在低位，因此进口额自 2016 年 4 月起出现小幅上升。

第二，序列 IIFA 有 1 个结构断点（见图 4－3），出现在 2004 年 3 月（63 期），这主要是由于 2004 年，中国政府为了应对当时的经济过热适当地调高了固定资产投资比例，因此，在 2014 年初出现一定幅度的上升趋势。

第三，序列 GI 有两个结构断点（见图 4－4），分别出现在 2009 年 4 月（124 期）和 2016 年 1 月（205 期），这是由于 2008 年末 2009 年初受国际金融危机的冲击，中国经济增速放缓，加之大规模结构性减税政策的推行，导致中国财政收入处在较低的位置；而 2016 年 1 月出现的断点一方面是由于 2016 年全面推行营改增试点的大规模减税政策，导致税收较上年大幅下降，另一方面，相较于 2015 年，2016 年全社会固定资产投资、规模以上工业增加值等增速均有不同程度回落，经济下行带来的滞后影响抑制了财政收入的增长，因此，致使财政收入在 2016 年初出现由增转减的断点。

第四，序列 FER 有两个结构断点（见图 4－5），其中以 2014 年 9 月（194 期）的结构性变化更为明显，这是由于随着人民币市场化程度的提高，人民币汇率的贬值冲击导致国际市场上人民币的需求下降，国际资本外流，中国外汇储备不断下行，因而致使自 2014 年下半年起中国外汇储备由升转降。

第四节　进一步研究：基于 Bootstrap 方法的趋势结构断点序列单位根检验

两个结构断点下的单位根检验统计量临界值应该是不同的，但是，在蒙特卡洛试验中，两个及以上结构断点单位根检验中，由于第二个断点的泰勒展开与第一个展开形式一样，故进行变量的合并，致使结构断点不同情况下的单位根检验统计量分布临界值是相同的。两个及以上转换函数的泰勒展开是一样的，无法区别不同的转换函数；如果用序列值减去第一个转换函数的拟合值，再和第二个转换函数拟合，则拟合效果很差。本书在这一节，试图用 Bootstrap 方法解决这一问题，根据数据本身进行重复抽样后，计算统计量值，得到其临界值。

趋势结构断点序列呈现非线性特征，在其单位根检验统计量临界值模拟中，需要假定随机扰动项服从正态分布，然而其实际数据的随机扰动项可能与假定分布存在偏差，造成临界值模拟结果的偏误；另外，还存在统计量分布推导的繁琐问题。基于样本是总体最好代表的思路，本节尝试用 Bootstrap 方法得到趋势结构断点序列单位根检验的临界值，并进行有限样本性质检验。

一、Bootstrap 方法检验步骤

考虑多个结构断点的趋势结构断点单位根模型，如式（4 -26）：

$$y_t = \rho y_{t-1} + \beta_0 + \beta_1 t + \alpha_{11} y_{t-1} G_1(\cdot) + \cdots + \alpha_{m1} y_{t-1} G_m(\cdot) + \varepsilon_t \tag{4-26}$$

第 m（$m = 2, 3, 4, 5$）个结构断点的单位根检验中，首先，要把前面已经拟合的结构断点减去，如式（4 -27）：

$$y_{m,t} = y_t - \alpha_{11} y_{t-1} G_1(\cdot) - \cdots - \alpha_{m-1,1} y_{t-1} G_{m-1}(\cdot) \tag{4-27}$$

其次，用序列值剩余的构建包含单位根、趋势项、转换函数的模型，如式（4 -28）：

$$y_{m,t} = \rho_m y_{t-1} + \beta_0 + \beta_1 t + \alpha_{m,1} y_{t-1} G_m(\cdot) + \varepsilon_{m,t} \tag{4-28}$$

然后，提出单位根假设，并将转换函数进行三阶泰勒展开，拟合模型，如式

(4－29) 和式 (4－30)，提出检验统计量。

$$H_0:\rho_m=1;\ H_1:\rho_m<1 \tag{4-29}$$

$$y_{mt}=\rho_m y_{t-1}+\beta_0+\beta_1 t+A_{m,1}y_{t-1}t+A_{m,2}y_{t-1}t^2+A_{m,3}y_{t-1}t^3+\varepsilon_{m,t} \tag{4-30}$$

最后，提出检验统计量为：

$$t_{\rho_m}=\frac{\rho_m-1}{\eta_m} \tag{4-31}$$

非线性 STR 模型大多采用网格搜索方法来估计出最优参数，但事先设定的 Grid Search 的搜索范围（参数的上、下界）会直接影响最优参数的估计结果。就是说，Optimal coefficient 只是范围内最优，而非总体最优。由此，直接采用网格搜索方法估计式 (4－26) 中的 $a_1,\cdots,a_{m-1}$ 显然是不合适的。因此，本书首先将以三阶 Taylor 展式的形式表示各转换函数（结构断点项），然后采用 OLS 估计方法依次估计各三阶 Taylor 展式的参数，最后从原序列中依次剔除（减去）各结构断点项的三阶 Taylor 展式。具体的步骤如下：

假设 1：不同结构断点之间相互独立，即在式 (4－26) 中，加上或减去任意一个结构断点，并不会对其他结构断点产生影响。就是说，式 (4－26) 中 $a_i(i=1,\cdots m)$ 是否为 0 并不影响 $a_j(j\neq i,j=1,\cdots m)$。

假设 2：对 (4－26) 式中各转换函数（结构断点项）在 $\gamma_i=0$ 处进行三阶 Taylor 展开，分别用 $F_{i,t}=\vec{A}_i'\cdot\vec{T}_t$ $(i=1,\cdots m)$ 表示，其中 $\vec{A}_i'=[A_{i1},A_{i2},A_{i3}]$，$\vec{T}_t'=[y_{t-1}t,y_{t-1}t^2,y_{t-1}t^3]$。另外，假设 $F_{0,t}=0$。

由此，式 (4－26) 可以转化为：

$$\begin{aligned}y_{i,t}&=y_{i-1,t}-F_{i-1,t}\\&=\rho_i y_{0,t-1}+\beta_{i,0}+\beta_{i,1}t+F_{i,t}+Z_{m-i,t}\end{aligned} \tag{4-32}$$

其中，

$$Z_{m-i,t}=\sum_{j=i+1}^{m}a_j y_{t-1}G_j(\cdot)+\varepsilon_t,i=1\cdots m \tag{4-33}$$

另外，假设 $Z_{0,t}=\varepsilon_t$，且 $\varepsilon_t\sim i.i.dN(0,1)$。具体检验步骤如下：

1. 在原假设下，根据 $y_{0,t}=y_{0,t-1}+\varepsilon_{0,t}$ 生成序列 $\{y_{0,t}\}$，其中：$\varepsilon_{0,t}\sim i.i.dN(0,1)$。

2. 利用序列 $\{y_{0,t}\}$，从 $i=1$ 至 $i=m$ 依次估计式 (4－32)，得到 $\hat{\vec{A}}_1'$，$\hat{\vec{A}}_2'$，$\cdots\hat{\vec{A}}_m'$，以及残差序列 $\{\hat{\varepsilon}_t\}$ 的估计值。

3. 对残差序列 $\{\hat{\varepsilon}_t\}$ 中心化：$\tilde{\varepsilon}_t=\hat{\varepsilon}_t-\overline{\varepsilon}_t$，并对序列 $\{\tilde{\varepsilon}_t\}$ 进行 Bootstrap 抽样，抽样结果记为 $\{\varepsilon_t^*\}$。

4. 利用 Bootstrap 序列 $\{\varepsilon_t^*\}$，模型参数估计值 $\hat{\rho}_m$，$\hat{\beta}_{m,0}$，$\hat{\beta}_{m,1}$，以及各 Taylor 展式的参数估计向量 $\hat{\overline{A}}'_1$，$\hat{\overline{A}}'_2$，…，$\hat{\overline{A}}'_m$，计算得到 $\{y_{0,t}\}$ 的 Bootstrap 序列 $\{y_{0,t}^*\}$。

5. 利用序列 $\{y_{0,t}^*\}$，从 $i=1$ 至 $i=m$ 依次重新估计式（4－32），得到当 $i=m$ 时，模型参数的估计值 $\hat{\rho}_m^*$，$\hat{\beta}_{m,0}^*$，$\hat{\beta}_{m,1}^*$，$\hat{A}_{m,1}^*$，$\hat{A}_{m,2}^*$，$\hat{A}_{m,3}^*$ 及残差序列的估计值 $\{\hat{\varepsilon}_t^*\}$，基于此，利用式（4－31）计算检验统计量的值，记作 $t_{\rho_m}^*$。

6. 将步骤 2 至步骤 5 重复 1000 次，并取均值，得到一个基于 Sieve Bootstrap 的单位根检验统计量的值，记作 t_{ρ_m}。

7. 将步骤 1 至步骤 6 重复 10000 次，并排序，得到 t_{ρ_m} 检验统计量的经验分布，见表 4－7。

表 4－7　多结构断点单位根检验统计量临界值（$m=1,2,3,4,5$）

T		t_ρ			
		0.01	0.025	0.05	0.1
$m=1$	25	－3.9582	－3.4204	－2.9570	－2.4395
	50	－3.6569	－3.1937	－2.8075	－2.3792
	100	－3.5071	－3.1543	－2.7815	－2.3680
	200	－3.5137	－3.1465	－2.7871	－2.3604
$m=2$	25	－3.9255	－3.3452	－2.9002	－2.4107
	50	－3.5985	－3.1995	－2.8243	－2.3806
	100	－3.5624	－3.1794	－2.8181	－2.3721
	200	－3.5269	－3.0898	－2.7604	－2.3619
$m=3$	25	－3.9310	－3.3721	－2.9214	－2.4107
	50	－3.5736	－3.1398	－2.7941	－2.3514
	100	－3.5117	－3.1281	－2.7803	－2.3468
	200	－3.3932	－3.0548	－2.7288	－2.3459
$m=4$	25	－4.0389	－3.4359	－2.9667	－2.4633
	50	－3.6611	－3.1775	－2.7786	－2.3335
	100	－3.5012	－3.1267	－2.7772	－2.3520
	200	－3.4991	－3.1098	－2.7588	－2.3488

续表

T		t_ρ			
		0.01	0.025	0.05	0.1
m=5	25	-4.0225	-3.4260	-2.9305	-2.4063
	50	-3.5450	-3.1310	-2.7934	-2.3684
	100	-3.5342	-3.0973	-2.7619	-2.3607
	200	-3.4296	-3.0497	-2.7523	-2.3603

表4-7显示，不同结构断点下的单位根检验统计量是不同的，在识别结构断点个数情况下，可以利用 Bootstrap 方法实现不同结构断点下的单位根检验。

二、Bootsrap 方法单位根检验统计量有限样本性质检验

（一）功效（Power）检验

功效是在备择假设成立条件下，检验统计量拒绝原假设的能力。利用在1000次 Sieve Bootstrap 的基础上进行分别10000次重复实验，就是说对1000个 Sieve Bootstrap 样本进行10000次重复实验。假定 $\varepsilon_t \sim i.i.dN(0,1)$，$y_0=0$，$T=100$，$\alpha=0.05$。为便于比较，对每个试验数据利用 ADF 统计量进行检验，结果见表4-8。

表4-8　两类检验统计量功效值比较（α=0.05）

		ρ	DGP1 (m=1)	DGP2 (m=2)	DGP3 (m=3)	DGP4 (m=4)	DGP5 (m=5)
$t_{\rho m}$检验统计量	γ=0.1	0.1	1.0000	1.0000	1.0000	1.0000	1.0000
		0.3	0.9994	1.0000	0.9994	1.0000	1.0000
		0.5	0.9920	0.9998	0.9940	1.0000	1.0000
		0.7	0.9566	0.9964	0.9630	0.9994	1.0000
		0.9	0.8248	0.9814	0.8846	0.9876	0.9998
	γ=0.01	0.1	1.0000	1.0000	1.0000	1.0000	1.0000
		0.3	1.0000	0.9994	0.9995	0.9998	1.0000
		0.5	1.0000	0.9928	0.9950	0.9948	0.9998
		0.7	0.9974	0.9528	0.9768	0.9740	0.9970
		0.9	0.9658	0.8414	0.8938	0.8920	0.9718

续表

		ρ	DGP1 ($m=1$)	DGP2 ($m=2$)	DGP3 ($m=3$)	DGP4 ($m=4$)	DGP5 ($m=5$)
t_{ADF}检验统计量	$\gamma=0.1$	0.1	1.0000	0.9900	0.9320	0.3210	0.0000
		0.3	0.8790	0.4750	0.1500	0.0300	0.0060
		0.5	0.0009	0.0003	0.0002	0.0001	0.0001
		0.7	0.0000	0.0000	0.0000	0.0000	0.0000
		0.9	0.0000	0.0000	0.0000	0.0000	0.0000
	$\gamma=0.01$	0.1	1.0000	0.9910	0.9790	0.6460	0.0150
		0.3	0.9420	0.7240	0.3070	0.0690	0.0100
		0.5	0.7913	0.5018	0.1293	0.0021	0.0000
		0.7	0.0000	0.0000	0.0000	0.0000	0.0000
		0.9	0.0000	0.0000	0.0000	0.0000	0.0000

注：①对所有数据 $\beta_0=3.5$，$\beta_1=0.5$；

②转换速度 γ 取 0.1 或 0.01；

③5 种数据生成中备择假设成立的 $\rho=\{0.1,0.3,0.5,0.7,0.9\}$；

④5 种数据生成过程的参数设定如下：

DGP1，$\alpha_{11}=-0.2$，$c_1=25$；

DGP2，$\alpha_{11}=-0.4$，$c_1=13$，$\alpha_{21}=-0.6$，$c_2=25$；

DGP3，$\alpha_{11}=-0.2$，$c_1=15$，$\alpha_{21}=-0.1$，$c_2=35$，$\alpha_{31}=-0.3$，$c_3=75$；

DGP4，$\alpha_{11}=-0.2$，$c_1=15$，$\alpha_{21}=-0.1$，$c_2=35$，$\alpha_{31}=-0.3$，$c_3=55$，$\alpha_{41}=-0.5$，$c_4=75$；

DGP5，$\alpha_{11}=-0.2$，$c_1=15$，$\alpha_{21}=-0.1$，$c_2=25$，$\alpha_{31}=-0.3$，$c_3=42$，$\alpha_{41}=-0.5$，$c_4=50$，$\alpha_{51}=-0.3$，$c_5=75$。

表 4-8 的检验结果显示，Bootstrap 的检验功效在 0.9 以上，且在转换速度、结构断点个数改变情况下，均能有效检测出趋势结构断点序列的单位根情况；而同样的数据利用 ADF 统计量进行单位根检验时，整体的检验效果要差得多，数据的生成过程是平稳的趋势结构断点序列。ADF 统计量的检验结果认为，序列是单位根过程，也就是没有检测出序列的结构断点下的平稳情况，而将结构断点认为是单位根过程，与数据本身的生成过程是违背的。另外，表 4-8 结果显示，当 ρ 越接近于 1 时，ADF 统计量越容易将数据识别为单位根过程，但其真实生成过程为平稳序列。

（二）势值（size）检验

势值是在 H_0：$\rho_m=1$ 成立条件下，检验统计量拒绝原假设的概率，从而检验统计量分布的合理性。假定 $\varepsilon_t \sim i.i.dN(0,\sigma^2)$，$\sigma^2=\{1,4\}$，$y_0=0$。在1000次Sieve Bootstrap的基础上进行分别10000次重复实验，就是说对1000个Sieve Bootstrap样本进行10000次重复试验，检验结果见表4-9。

表4-9　　单位根检验统计量 $t_{\rho m}$ 检验水平（$\alpha=0.05$）

T		m				
		1	2	3	4	5
$\sigma^2=1$	25	0.0512	0.0500	0.0519	0.0485	0.0490
	50	0.0510	0.0496	0.0500	0.0526	0.0416
	100	0.0495	0.0492	0.0498	0.0518	0.0514
	200	0.0514	0.0494	0.0521	0.0516	0.0492
$\sigma^2=4$	25	0.0488	0.0476	0.0480	0.0478	0.0530
	50	0.0506	0.0460	0.0500	0.0531	0.0538
	100	0.0484	0.0488	0.0486	0.0512	0.0524
	200	0.0522	0.0528	0.0534	0.0533	0.0496

表4-9的结果显示，基于Bootstrap方法得到的 $t_{\rho m}$ 统计量的势值基本在显著性水平5%左右，显示合理的概率分布。

第五节　小　结

由于制度变迁、技术进步等，宏观经济时间序列在趋势变动中会呈现结构断点特征，如果单位根检验时不考虑这一特征，检验结果则会出现偏差。本书首先提出了考虑结构断点的多结构断点趋势模型，结构断点采用logistic函数，给出了该模型下单位根检验统计量及其临界值，并对该统计量的有限样本性质进行分析；其次，将其应用于中国5个宏观经济数据的建模及平稳性检验中；最后，进一步研究用Bootstrap方法模拟多结构断点单位根检验统计量临界值。主要研究结论如下：

第一，基于多结构断点趋势模型的单位根检验统计量具有较好的检验功效，在针对包含结构断点趋势序列的单位根检验时，检验功效受样本容量及转换速度的影响较小，较DF统计量具有更高的稳定性，而此时，DF统计量拒绝原假设的概率较小，往往导致序列被错误地识别为单位根过程。可见，构建适合趋势结构断点序列的单位根统计量具有重要意义。

第二，基于多结构断点趋势模型的单位根检验统计量具有较好的检验水平，其在不同样本容量及转换机制下检验水平的平均值为0.05，与名义显著性水平一致，说明统计量具有较合理的分布。

第三，实证分析发现，通过ADF检验被认定为带趋势的单位根过程的5个宏观经济变量，在基于多结构断点趋势模型的单位根检验中，仅有出口总额仍为非平稳过程，其余4个变量均为包含结构断点趋势的平稳序列；另外，根据多结构断点趋势模型的拟合结果发现，该模型能够准确地捕捉趋势经济序列中的结构变化，具有较强的应用价值。因此，在对序列进行单位根检验时，考虑结构断点是必要的。

第四，为解决多结构断点条件下，趋势结构断点序列的单位根检验问题，采用Bootstrap方法对数据重复抽样得到检验统计量临界值。有限样本性质检验结果显示，统计量的功效优良，而且与ADF检验统计量进行比较，后者的功效检验结果要差得多；势值检验结果显示，具有合理的概率分布。Bootstrap方法通过差值拟合、抽样的方式，实现了多结构断点的识别及单位根检验问题。

第五章　两变量趋势结构断点序列协整理论与方法

第一节　两变量一个结构断点协整方程与检验

经典的协整方程及检验方法是基于线性模型提出的，显然不适合趋势结构断点序列的协整问题研究。线性协整检验的方法中，应用最广泛的是 E－G 两步检验法、JJ 检验法，本章应用 E－G 检验的思想进行两变量趋势结构断点序列的协整问题研究。首先，提出基于 STR 模型的协整方程；其次，给出线性检验以及协整检验的统计量及分布，在上述研究中，考虑了一个转换函数和两个转换函数的情况。

第四章研究中提出了适合趋势结构断点序列的单位根模型，如果两个变量都适合趋势结构断点的单位根过程，即都存在结构断点，且它们的长期均衡关系也存在结构断点，那么如何描述这种协整关系，就是本章研究的重点。

一、一个结构断点协整方程

本书提出的趋势结构断点序列的两变量协整方程为：

$$y_t=\mu+\beta t+\alpha_1 x_t+\delta_1 x_t G(\cdot)+\varepsilon_t \tag{5-1}$$

其中，$\{\varepsilon_t\}$ 是零均值平稳序列，且：

$$G(x_t;\gamma,c)=(1+\exp\{-\gamma(x_t-c)\})^{-1} \tag{5-2}$$

式（5－1）是线性模型与 logisti 函数下 STR 模型的结合，借用了 STR 模型的思想。本书认为 x_t 与 y_t 存在非线性协整关系，非线性关系体现在$x_tG(\cdot)$ 中，y_t 的结构转换是由 x_t 引起的，即转换函数的转换变量是 x_t。$G(\cdot)$ 函数在 0 ~ 1 之间变化，当 $x_t < c$ 时，$G(\cdot)$ 接近于 0，x_t 与 y_t 呈线性关系；当 $x_t > c$ 时，$G(\cdot)$ 接近于 1，x_t 与 y_t 呈另一种线性关系，出现结构断点。为显示它们的特征，图 5 - 1 为模拟产生的两个适合 STR 模型的单位根过程，图 5 - 2 为两变量存在的协整关系。

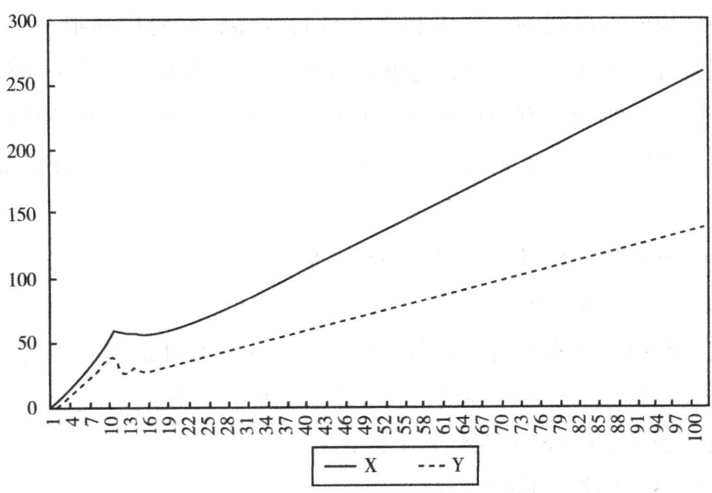

图 5 - 1　单位根趋势结构断定序列模拟图

$x_t = x_{t-1} + 3.5 + 0.5t - 0.2x_{t-1} \times [1 + \exp(-1.3 \times (x_{t-1} - 55))]^{-1}$

$y_t = y_{t-1} + 0.5 + 0.6t - 0.4y_{t-1} \times [1 + \exp(-1.3 \times (y_{t-1} - 55))]^{-1}$

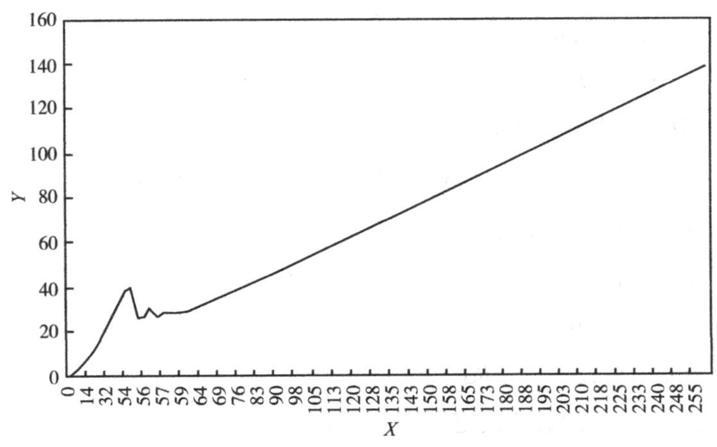

图 5 - 2　两变量协整关系模拟图

注：$y_t = 0.7x_{t-1} + 0.5 + 0.6t - 0.4x_{t-1} \times [1 + \exp(-1.3 \times (x_{t-1} - 55))]^{-1}$。

接下来，给出协整方程［式（5－1）］的线性检验及协整检验统计量、极限分布及临界值，并对统计量的有限样本性质进行检验。

二、线性检验统计量

（一）线性检验统计量分布

趋势结构断点序列的协整方程是非线性模型，在对序列拟合该模型时，需要检测是否需要非线性部分，这就是线性检验的内容。通常采用的方法是利用 F 统计量，即通过有约束模型和无约束模型的剩余平方和的比较来构建 F 统计量，当然，在单位根及非线性模型条件下，F 统计量的分布是非标准的。

首先，对模型（5－1）提出线性检验假设：

$$H_0:\delta_1=0;\ H_1:\delta_1\neq 0 \tag{5-3}$$

在式（5－1）中存在转换函数 $G(\cdot)$ 中参数不可识别的问题，采用泰勒展开方式对转移函数近似替代，其三阶泰勒展开式为：

$$y_t=\mu+\beta t+\alpha_1 x_t+\delta_{12}x_t^2+\delta_{13}x_t^3+\delta_{14}x_t^4+\varepsilon_t \tag{5-4}$$

式（5－3）的假设检验可变成：

H_0：$\delta_{12}=\delta_{13}=\delta_{14}=0$；$H_1$：$\delta_{12}$，$\delta_{13}$，$\delta_{14}$至少有不为零的。

利用有约束和无约束的剩余平方和构造 F_{21}统计量进行假设检验，如式（5－5）。

$$F_{21}=\frac{(SSR_0-SSR_1)/3}{SSR_0/(T-6)} \tag{5-5}$$

为得到F_{21}统计量的分布，令：

$$\beta=(\mu\quad \beta\quad \alpha_1\quad \delta_{12}\quad \delta_{13}\quad \delta_{14})',X_t=(1\quad t\quad x_t\quad x_t^2\quad x_t^3\quad x_t^4)$$

$$R=\begin{pmatrix}0&0&0&1&0&0\\0&0&0&0&1&0\\0&0&0&0&0&1\end{pmatrix},r=(0\quad 0\quad 0)' \tag{5-6}$$

协整检验零假设写成：$R\beta=r$

F_{21} 统计量的数理表达式定义为 w_l，则：

$$w_l=(R(\hat{\beta}-\beta))'\left[\hat{\sigma}^2R\left\{\sum X_tX_t'\right\}^{-1}R'\right]^{-1}(R(\hat{\beta}-\beta))/3$$

引入 r_t，令：

$$r_t = \begin{pmatrix} T & & & & & & \\ & T^{\frac{3}{2}} & & & & & \\ & & T^2 & & & & \\ & & & T^{\frac{5}{2}} & & & \\ & & & & T^3 & & \\ & & & & & T^{\frac{7}{2}} & \\ & & & & & & T^4 \end{pmatrix} \tag{5-7}$$

则：

$$w_l = ((\hat{\beta}-\beta)'r_tR')\left[\hat{\sigma}^2 Rr_t\left\{\sum X_tX_t'\right\}^{-1} r_tR'\right]^{-1}(Rr_t(\hat{\beta}-\beta))/3$$

因为，$r_tR' = (Rr_t)' = r_tR'$

所以，$w_l = ((\hat{\beta}-\beta)'(Rr_t)'\left[\hat{\sigma}^2 Rr_t\left\{\sum X_tX_t'\right\}^{-1} r_tR'\right]^{-1}(Rr_t(\hat{\beta}-\beta))/3$

又因为，$(\hat{\beta}-\beta)'(Rr_t)' = (Rr_t(\hat{\beta}-\beta))'$

$$w_l = (Rr_t(\hat{\beta}-\beta))'\left[\hat{\sigma}^2 Rr_t\left\{\sum X_tX_t'\right\}^{-1} r_tR'\right]^{-1}(Rr_t(\hat{\beta}-\beta))/3$$

其中：

$r_t^{-1}\sum X_tX_t' r_t^{-1} =$

$$\begin{pmatrix} T^{-1} & T^{-\frac{5}{2}}\sum t & T^{-3}\sum x_t & T^{-\frac{7}{2}}\sum x_t^2 & T^{-4}\sum x_t^3 & T^{-\frac{9}{2}}\sum x_t^4 \\ T^{-\frac{5}{2}}\sum t & T^{-3}\sum t^2 & T^{-\frac{7}{2}}\sum tx_t & T^{-4}\sum tx_t^2 & T^{-\frac{9}{2}}\sum tx_t^3 & T^{-5}\sum tx_t^4 \\ T^{-3}\sum x_t & T^{-\frac{7}{2}}\sum tx_t & T^{-4}\sum x_t^2 & T^{-\frac{9}{2}}\sum x_t^3 & T^{-5}\sum x_t^4 & T^{-\frac{11}{2}}\sum x_t^5 \\ T^{-\frac{7}{2}}\sum x_t^2 & T^{-4}\sum tx_t^2 & T^{-\frac{9}{2}}\sum x_t^3 & T^{-5}\sum x_t^4 & T^{-\frac{11}{2}}\sum x_t^5 & T^{-6}\sum x_t^6 \\ T^{-4}\sum x_t^3 & T^{-\frac{9}{2}}\sum tx_t^3 & T^{-5}\sum x_t^4 & T^{-\frac{11}{2}}\sum x_t^5 & T^{-6}\sum x_t^6 & T^{-\frac{13}{2}}\sum x_t^7 \\ T^{-\frac{9}{2}}\sum x_t^4 & T^{-5}\sum tx_t^4 & T^{-\frac{11}{2}}\sum x_t^5 & T^{-6}\sum x_t^6 & T^{-\frac{13}{2}}\sum x_t^7 & T^{-7}\sum x_t^8 \end{pmatrix} \tag{5-8}$$

根据维纳过程和泛函中心极限定理得到 $r_t^{-1}\sum X_tX_t' r_t^{-1}$ 的分布，用 $Y(\cdot)$ 表示：

$$r_t^{-1}\sum X_tX_t'r_t^{-1}\xrightarrow{L}Y(\cdot)=$$

$$\begin{pmatrix}
1 & \frac{1}{2} & \sigma\int_0^1 w(r)dr & \sigma^2\int_0^1 w(r)^2dr & \sigma^3\int_0^1 w(r)^3dr & \sigma^4\int_0^1 w(r)^4dr \\
\frac{1}{2} & \frac{1}{3} & \sigma\int_0^1 rw(r)dr & \sigma^2\int_0^1 r[w(r)]^2dr & \sigma^3\int_0^1 r[w(r)]^3dr & \sigma^4\int_0^1 r[w(r)]^4dr \\
\sigma\int_0^1 w(r)dr & \sigma\int_0^1 rw(r)dr & \sigma^2\int_0^1 w(r)^2dr & \sigma^3\int_0^1 w(r)^3dr & \sigma^4\int_0^1 w(r)^4dr & \sigma^5\int_0^1 w(r)^5dr \\
\sigma^2\int_0^1 w(r)^2dr & \sigma^2\int_0^1 r[w(r)]^2dr & \sigma^3\int_0^1 w(r)^3dr & \sigma^4\int_0^1 w(r)^4dr & \sigma^5\int_0^1 w(r)^5dr & \sigma^6\int_0^1 w(r)^6dr \\
\sigma^3\int_0^1 w(r)^3dr & \sigma^3\int_0^1 r[w(r)]^3dr & \sigma^4\int_0^1 w(r)^4dr & \sigma^5\int_0^1 w(r)^5dr & \sigma^6\int_0^1 w(r)^6dr & \sigma^7\int_0^1 w(r)^7dr \\
\sigma^4\int_0^1 w(r)^4dr & \sigma^4\int_0^1 r[w(r)]^4dr & \sigma^5\int_0^1 w(r)^5dr & \sigma^6\int_0^1 w(r)^6dr & \sigma^7\int_0^1 w(r)^7dr & \sigma^8\int_0^1 w(r)^8dr
\end{pmatrix} \tag{5-9}$$

同理得到 $r_t^{-1}\sum X_t\varepsilon_t$ 的极限分布，用 $v(\cdot)$ 表示：

$$r_t^{-1}\sum X_t\varepsilon_t=\begin{pmatrix} T^{-1}\sum\varepsilon_t \\ T^{-\frac{3}{2}}\sum t\varepsilon_t \\ T^{-2}\sum x_t\varepsilon_t \\ T^{-\frac{5}{2}}\sum x_t^2\varepsilon_t \\ T^{-3}\sum x_t^3\varepsilon_t \\ T^{-\frac{7}{2}}\sum x_t^4\varepsilon_t \end{pmatrix}\xrightarrow{L}h(\cdot)=\begin{pmatrix} \sigma W(1) \\ \sigma W(1)-\sigma\int_0^1 W(r)dr \\ \sigma^2\int_0^1 W(r)dW(r) \\ \sigma^3\int_0^1 (W(r))^2dW(r) \\ \sigma^4\int_0^1 (W(r))^3dW(r) \\ \sigma^5\int_0^1 (W(r))^4dW(r) \end{pmatrix} \tag{5-10}$$

$$r_t(\hat\beta-\beta)=[r_t^{-1}(\sum X_tX_t')r_t^{-1}]^{-1}(r_t^{-1}\sum X_t\varepsilon_t)$$

于是，$r_t(\hat\beta-\beta)$ 的分布可以表示成 $Y^{-1}(\cdot)v(\cdot)$

则：$w_l\Rightarrow(RY^{-1}(\cdot)v(\cdot))'[\hat\sigma^2RY^{-1}(\cdot)R']^{-1}(RY^{-1}(\cdot)v(\cdot))/3$

利用 20000 次蒙特卡洛模拟试验方法，得到 F_{21} 统计量临界值如表 5－1 所示，结果显示 F_{21} 统计量分布相比标准 F 分布呈现尖峰、厚尾特征。

表 5-1　　F_{21}统计量临界值表

样本容量	显著性水平							
	0.01	0.025	0.05	0.1	0.9	0.95	0.975	0.99
50	4.37	3.48	2.87	2.25	0.36	0.27	0.20	0.14
100	3.99	3.27	2.75	2.18	0.36	0.27	0.20	0.15
150	3.91	3.17	2.65	2.11	0.37	0.27	0.20	0.14
200	4.05	3.29	2.74	2.18	0.37	0.28	0.21	0.15

（二）有限样本下F_{21}统计量性质检验

为了对提出的线性检验 F_{21}统计量的有限样本性质进行检验，需要对其功效（power）及势值（size）进行考察。

1. 功效检验。

功效（power）表示在备择假设成立条件下，统计量值落在拒绝域概率，越接近于 1 越好；size 表示在原假设成立条件下，名义显著性水平下，统计量落在拒绝域的概率，它检验了统计量分布的合理性。检验步骤如下：

生成 x_t 序列，具体如下：

$x_t = 1.1 + 0.2t + x_{t-1} - 0.6x_{t-1}G(\cdot), G(\cdot)$中 $\gamma = 3, c = 15$

根据模型（5-1）生成 $\{y_t\}$ 序列，参数取值见表 5-2（常数项 3.5，截距项 0.4），然后，拟合线性模型（$y_t = \alpha + \beta t + \alpha_1 x_t$）和模型（5-4），利用两个剩余平方和的值得到 F_{21}统计量值。

表 5-2　　F_{21}统计量的 power 检验结果

样本容量	power	
	数据生成	拒绝概率
50	$\alpha_1 = 0.5$　$\delta_1 = -0.6$ $\gamma_1 = 3$　$c = 1.2$	0.8587
100	$\alpha_1 = -0.9$　$\delta_1 = -0.3$ $\gamma_1 = 1.5$　$c = 2.7$	0.9117
150	$\alpha_1 = 0.7$　$\delta_1 = -0.5$ $\gamma_1 = 0.7$　$c = 3.5$	0.986
200	$\alpha_1 = 0.7$　$\delta_1 = -0.8$ $\gamma_1 = 1.5$　$c = 3.7$	1

从表5－2中可以看出：$\{y_t\}$ 序列是在 H_1 成立的条件下给出的，即存在趋势结构断点协整关系，有限样本下，F_{21}统计量的功效优良，在0.85以上，能有效检测出存在结构断点的协整关系；随着样本容量的增大，F_{21}统计量的功效增大，显示了较好的极限分布性质。

2. 势值检验。

势值（size）是在原假设成立的条件下，依据名义显著性水平对应的临界值，考察检验统计量拒绝原假设的概率。因此，一个好的统计量的检验水平（size）应该接近于名义显著性水平，表明统计量分布的合理性。根据模型（5－1）生成 $\{y_t\}$ 序列，参数取值见表5－3（常数项3.5，截距项0.4），拟合线性模型和模型（5－4）后，得到 F_{21}统计量值。试验次数均为10000次，结果见表5－3：

表5－3　F_{21}统计量 size 检验结果

样本容量	size	
	数据生成	拒绝概率
50	$\alpha_1=0.5$	0.0475
100	$\alpha_1=-0.9$	0.0504
150	$\alpha_1=0.7$	0.0512
200	$\alpha_1=0.6$	0.0438

表5－3检验结果显示，$\{y_t\}$ 序列是在 H_0 成立的条件下给出的，即不存在趋势结构断点序列，F_{21}拒绝原假设的概率在0.05左右，说明 F_{21}统计量的分布显示合理的概率分布特征。

三、协整检验统计量

在检测出变量间关系中存在非线性部分后，拟合协整方程，接下来就需要对方程进行检验，也就是协整检验，以保证方程的统计意义。针对两变量趋势结构断点序列的协整方程［模型（5－1）］，应用 Engle 和 Granger（1987）线性协整检验的思想，本书提出基于残差的协整检验统计量。因为模型假定残差序列 $\{\varepsilon_t\}$ 是零均值平稳序列，所以，如果模型（5－4）的残差是平稳的，则协整关系成立；否则，不成立。残差平稳性检验统计量如式（5－11）：

$$e_t = \hat{\rho} e_{t-1} \tag{5-11}$$

提出假设：H_0：$\rho=1$；H_1：$\rho<1$。检验统计量为：

$$t_e = \frac{\hat{\rho}-1}{\eta} \tag{5-12}$$

在显著性 α 下，若 $t_e>t_\alpha$，接受 H_0；$t_e<t_\alpha$，接受 H_1。利用 20000 次蒙特卡洛模拟试验，得到 t_e 统计量临界值表，如表 5-4 所示。

表 5-4　　协整方程残差检验 t_e 统计量临界值表

样本容量	显著性水平							
	0.01	0.025	0.05	0.1	0.9	0.95	0.975	0.99
50	-7.247	-6.705	-6.291	-5.811	-3.107	-2.801	-2.551	-2.216
100	-7.418	-6.949	-6.573	-6.142	-3.332	-2.980	-2.694	-2.388
150	-7.644	-7.162	-6.779	-6.296	-3.415	-3.072	-2.780	-2.461
200	-7.753	-7.239	-6.851	-6.405	-3.456	-3.121	-2.829	-2.524

在得到协整检验统计量的临界值后，我们对统计量的有限样本性质进行检验。

1. 功效检验。

第一步：生成 x_t 序列，具体如下：

$x_t=0.4+0.3t+x_{t-1}-0.5x_{t-1}G(\cdot)$，$G(\cdot)$ 中 $\gamma=1.3$，$c=13.7$

在功效检验中，即两变量存在协整关系中，部分参数根据表 5-5 系数值生成 $\{y_t\}$ 序列，即：

$$y_t = 1.5+0.4t+\alpha_1 x_t+\delta_1 x_t G(\cdot)+\varepsilon_t \tag{5-13}$$

其中，$G(x_t;\gamma,c)=(1+\exp\{-\gamma(x_t-c)\})^{-1}$

利用蒙特卡洛模拟试验检验，次数为 10000 次，结果见表 5-5：

表 5-5　　协整检验统计量 t_e 的 power 检验结果

样本容量	power	
	数据生成	拒绝概率
50	$\alpha_1=0.5$，$\delta_1=-0.6$ $\gamma_1=3$，$c=1.2$	1
100	$\alpha_1=0.9$，$\delta_1=-0.3$ $\gamma_1=1.5$，$c=2.7$	1

续表

样本容量	power	
	数据生成	拒绝概率
150	$\alpha_1=0.7$，$\delta_1=-0.5$ $\gamma_1=0.7$，$c=3.5$	1
200	$\alpha_1=0.7$，$\delta_1=-0.8$ $\gamma_1=1.5$，$c=3.7$	1

从表5-5可见，生成的趋势结构断点序列间存在协整关系，基于残差的协整检验统计量能很好地检测出序列间的协整关系，具有优良的功效。

2. 势值检验。

在size检测中，假定两变量不存在协整关系，那么，单独生成 y_t 序列，见式（5-14），参数见表5-6。但是，在拟合时，拟合模型（5-4），表示两变量无协整关系情况下，残差平稳性检验情况。利用蒙特卡洛模拟试验检验，次数为10000次，结果见表5-6：

$$y_t=\alpha+\beta t+y(-1)+\delta G(\cdot)+\varepsilon_t \tag{5-14}$$

其中，$G(x_t;\gamma,c)=(1+\exp\{-\gamma(x_t-c)\})^{-1}$

表5-6　　协整检验统计量 t_e 的size检验结果

样本容量	size	
	数据生成	拒绝概率
50	$\alpha=0.2$，$\beta=0.5$，$\delta=-0.3$ $\gamma=3$，$c=10.5$	0.0896
100	$\alpha=-0.9$，$\beta=0.5$，$\delta=0.3$ $\gamma=2.1$，$c=10.5$	0.0531
150	$\alpha=-0.8$，$\beta=0.2$，$\delta=0.3$ $\gamma=2.1$，$c=10.5$	0.0590
200	$\alpha=-0.7$，$\beta=0.3$，$\delta=0.5$ $\gamma=3.1$，$c=11.5$	0.0732

表5-6显示，势值检验中，在5%显著性水平下，样本容量为50时，拒绝概率为0.0896，略大于0.05；随着样本容量的增大，拒绝原假设的概率基本在0.05左右，显示合理的概率分布特征。

在下文的协整方程的检验中，均可使用式（5-12）的 t_e 统计量进行检验，不再赘述。

第二节 两变量两个结构断点协整方程与检验

一、两个结构断点的协整方程

前面考察了两个变量、一个结构断点的情况。现在讨论两个结构断点的情况，适合描述序列存在两个结构断点的协整问题，它的数理分析、模拟试验比一个结构断点的更加复杂。

在考虑序列趋势、两个结构断点情况下，本书提出的两变量趋势结构断点单位根序列协整方程为：

$$y_t = \mu + \beta t + \alpha_1 x_t + \delta_1 x_t G_1(\cdot) + \delta_2 x_t G_2(\cdot) + \varepsilon_t \qquad (5-15)$$

$$G_i(x_t;\gamma_i,c_i) = (1+\exp\{-\gamma_i(x_t - c_i)\})^{-1}, i=1,2, c_1 < c_2 \qquad (5-16)$$

式（5－15）显示，两变量协整关系随结构断点 c 的变化而变化，体现了协整关系的结构变动特征。当 $x_t < c_1$ 时，$G_1(\cdot)\to 0$，$G_2(\cdot)\to 0$，x_t 对 y_t 的影响是 α_1；当 $c_1 < x_t < c_2$ 时，$G_1(\cdot)\to 1$，$G_2(\cdot)\to 0$，x_t 对 y_t 的影响是 $\alpha_1+\delta_1$；当 $x_t > c_2$ 时，$G_1(\cdot)\to 1$，$G_2(\cdot)\to 1$，x_t 对 y_t 的影响是 $\alpha_1+\delta_1+\delta_2$。两变量、两个转换函数协整关系的数据模拟图见图 5－3。

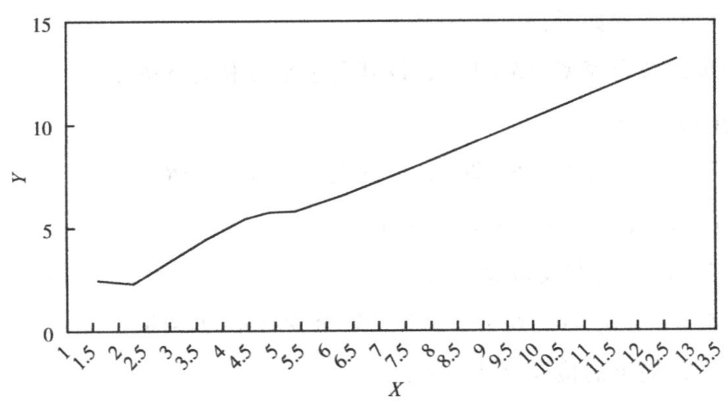

图 5－3 两个结构断点协整关系模拟数据

$y_t = 3.5 + 0.2t - 0.8x_t + 0.3x_t G_1(\cdot) - 0.3x_t G_2(\cdot) + \varepsilon_t$

其中，$G_1(\cdot)$ 中，$r_1 = 3.5$，$c_1 = 2.5$；$G_2(\cdot)$ 中，$r_2 = 1.7$，$c_2 = 5.1$

$x_t = 1.5 + 0.1t + x_{t-1} - 0.9x_{t-1}\{1+\exp[-0.6(x_{t-1} - 0.5)]\}^{-1}$

二、线性检验统计量

（一）线性检验统计量

第二个结构断点是在第一个结构断点存在的条件下给出的，所以，我们提出的假设为：

$$H_0:\delta_2=0/\delta_1\neq 0;H_1:\delta_2\neq 0/\delta_1\neq 0 \tag{5-17}$$

按照一般思路，在检测出序列存在一个转换函数的基础上，用序列值减去一个函数的拟合值后，看残差项中是否还存在第二个转换函数（Vijk，1999）。但是，按照这种检验思路，多次数据模拟试验发现，残差项与转换函数的三阶泰勒展开式的拟合效果会很差，即使模拟生成数据中有两个转换函数也存在这种情况，所以本书采取的方式是用序列值与三阶泰勒展开式拟合，而一个结构断点与两个结构断点的区别体现在F统计量的自由度上。因为第二个转换函数的三阶泰勒展开式与第一个的变量是相同的，只是系数值不同，所以，在拟合时是无法区分的，但可以进行变量的合并。式（5－15）的三阶泰勒展开式见式（5－18），本书将它们的区别体现在检验统计量的自由度上。

$$y_t=\mu+\beta t+\alpha_1 x_t+\delta_{12}x_t^2+\delta_{13}x_t^3+\delta_{14}x_t^4+\delta_{22}x_t^2+\delta_{23}x_t^3+\delta_{24}x_t^4+\varepsilon_t \tag{5-18}$$

具体检验步骤如下：

第一步，拟合模型（5－19），设其剩余平方和为 SSR_0：

$$y_t=\mu+\beta t+\alpha_1 x_t \tag{5-19}$$

第二步，拟合模型（5－20），设其剩余平方和 SSR_1：

$$y_t=\mu+\beta t+\alpha_1 x_t+\delta_2 x_t^2+\delta_3 x_t^3+\delta_4 x_t^4 \tag{5-20}$$

式（5－17）的假设检验变为：

H_0：$\delta_2=\delta_3=\delta_4=0$；$H_1$：$\delta_2$，$\delta_3$，$\delta_4$ 至少有不为零的。

第三步，提出的检验统计量为：

$$F_{22}=\frac{(SSR_0-SSR_1)/6}{SSR_1/(N-9)} \tag{5-21}$$

利用20000次蒙特卡洛模拟试验方法，得到式（5－21）F_{22}统计量临界值如表5－7所示，模拟结果显示，F_{22}统计量呈现尖峰后尾态势。

表 5-7 F_{22}统计量临界值

样本容量	显著性水平							
	0.01	0.025	0.05	0.1	0.9	0.95	0.975	0.99
50	2.051	1.680	1.343	1.052	0.091	0.056	0.035	0.018
100	1.956	1.589	1.316	1.049	0.093	0.054	0.033	0.017
150	1.907	1.576	1.313	1.041	0.094	0.056	0.034	0.018
200	1.931	1.593	1.318	1.044	0.101	0.062	0.038	0.020

（二）线性检验统计量F_{22}的有限样本性质检验

1. 功效检验。

为了对提出的检验统计量 F_{22}进行检验，需要对其功效（power）进行检验。检验步骤如下：

首先，生成 x_t 序列，具体参数如下：

$x_t = 1.1 + 0.2t + x_{t-1} - 0.6x_{t-1}G(\cdot), G(\cdot)$中 $\gamma = 3, c = 15$

部分参数按照表 5-6 的系数值生成 $\{y_t\}$ 序列（常数项 3.5，截距项是 0.4），然后，拟合线性模型和模型（5-20），利用两个剩余平方和值得到 F_{22}统计量值，试验次数均为 10000 次，结果见表 5-8：

表 5-8 F_{22}统计量的 power 检验结果

样本容量	power	
	数据生成	拒绝概率
50	$\alpha_1=0.5$ $\delta_1=-0.6$ $\delta_2=0.3$ $\gamma_1=3$ $c_1=1.2$ $\gamma_2=0.3$ $c_2=3.9$	0.916
100	$\alpha_1=-0.8$ $\delta_1=0.3$ $\delta_2=-0.1$ $\gamma_1=1.5$ $c_1=2.5$ $\gamma_2=1.7$ $c_2=5.1$	0.965
150	$\alpha_1=0.7$ $\delta_1=-0.5$ $\delta_2=-0.3$ $\gamma_1=0.7$ $c_1=3.5$ $\gamma_2=2.3$ $c_2=7.6$	0.987
200	$\alpha_1=0.7$ $\delta_1=-0.8$ $\delta_2=0.5$ $\gamma_1=1.5$ $c_1=3.7$ $\gamma_2=1.8$ $c_2=5.9$	1

表5-8结果显示，F_{22}统计量具有优良的功效，在0.9以上，且随着样本容量的增大而增大，而且证实，利用增大的自由度能检测出存在的两个转换函数。因此，在一个转换函数存在的情况下，继续检测第二个转换函数是否存在时，通过改变检验统计量的自由度，可以实现对第二个结构断点的识别。

2. 势值检验。

size的检验中，$\{y_t\}$ 数据生成过程（见式（5-15））参数如表5-9所示。首先，拟合线性模型和模型（5-20），利用两个剩余平方和值得到 F_{22} 统计量值，试验次数为10000次，结果见表5-9：

表5-9　F_{22}统计量的size检验结果

样本容量	size	
	数据生成	拒绝概率
50	$\alpha_1=0.5$　$\delta_1=-0.6$ $\gamma_1=3$　$c_1=1.2$	0.0485
100	$\alpha_1=-0.8$　$\delta_1=-0.3$ $\gamma_1=1.5$　$c_1=2.5$	0.0515
150	$\alpha_1=0.7$　$\delta_1=-0.5$ $\gamma_1=0.7$　$c_1=3.5$	0.0487
200	$\alpha_1=0.7$　$\delta_1=-0.8$ $\gamma_1=1.5$　$c_1=3.7$	0.0481

表5-9的结果显示，在5%显著性水平下，势值基本在0.05左右，说明F_{22}统计量的临界值分布具有合理的概率分布。

三、基于最佳信息准则函数的结构断点个数识别

在两变量协整关系分析中，需要识别结构断点个数，也就是转换函数个数。一般有两种方法：一是利用最佳信息准则函数法，根据信息准则函数的最小值确定结构断点个数；二是先拟合第一个结构断点模型后，然后检验残差中是否存在第二个结构断点。前文研究中，第二种方法并不适用。因为模拟试验发现，即使生成数据中包含两个转换函数，当拟合了第一个转换函数后，利用模型残差再拟合第二个转换函数时，拟合效果会很差，这可能缘于

泰勒展式的问题。

对于两个结构断点的问题，本书提出的线性检验统计量 F_{22} 在自由度上考虑了两个断点问题，功效（power）检验结果显示，能有效检测出结构断点个数。

下面我们再次考察，利用 AIC 信息准则函数是否能有效检测出结构断点个数。

首先，假定数据生成过程如式（5－22），具体参数取值见表 5－7（为便于比较，与表 5－8 数据一致）。

$$y_t = 3.5 + 0.4t + \alpha_1 x_t + \delta_1 x_t G_1(\cdot) + \delta_2 x_t G_2(\cdot) + \varepsilon_t \tag{5-22}$$

其次，对 $\{y_t\}$ 序列先拟合第一个转换函数 $G_1(\cdot)$，计算其 AIC、SC 值；最后，再对 y_t 序列拟合两个转换函数 $G_1(\cdot)$、$G_2(\cdot)$，计算其 AIC、SC 值，考察两个模型拟合中 AIC、SC 值的差异，以考察其是否能准确识别出两个结构断点。结果如表 5－10 所示。

表 5－10　　信息准则函数下结构断定个数识别检验表

样本容量	数据生成	信息准则函数		数据生成	信息准则函数	
		AIC	SC		AIC	SC
50	$\alpha_1=0.5$，$\delta_1=-0.6$ $\gamma_1=3$，$c_1=1.2$	3.264	3.417	$\alpha_1=0.5$，$\delta_1=-0.6$，$\delta_2=0.3$ $\gamma_1=3$，$c_1=1.2$ $\gamma_2=0.3$，$c_2=3.9$	3.235	3.426
100	$\alpha_1=-0.8$，$\delta_1=0.3$ $\gamma_1=1.5$，$c_1=2.5$	2.599	2.704	$\alpha_1=-0.8$，$\delta_1=0.3$，$\delta_2=-0.1$ $\gamma_1=1.5$，$c_1=2.5$ $\gamma_2=1.7$，$c_2=5.1$	2.576	2.706
150	$\alpha_1=0.7$，$\delta_1=-0.5$ $\gamma_1=0.7$，$c_1=3.5$	3.067	3.147	$\alpha_1=0.7$，$\delta_1=-0.5$，$\delta_2=-0.3$ $\gamma_1=0.7$，$c_1=3.5$ $\gamma_2=2.3$，$c_2=7.6$	3.029	3.129
200	$\alpha_1=0.7$，$\delta_1=-0.8$ $\gamma_1=1.5$，$c_1=3.7$	2.913	2.979	$\alpha_1=0.7$，$\delta_1=-0.8$，$\delta_2=0.5$ $\gamma_1=1.5$，$c_1=3.7$ $\gamma_2=1.8$，$c_2=5.9$	2.899	2.982

表 5－10 结果显示：

第一，在生成数据为两个转换函数的条件下，先拟合一个转换函数，再拟合两个转换函数后，其AIC值明显降低。也就是说，按照最佳信息准则函数取最小值原则，可以借助信息准则函数识别出转折点个数或结构断点个数。例如，同一个模拟数据下，样本容量50，100，150，200的一个转换函数的AIC值分别为3.264，2.599，3.067，2.913，而在两个转换函数下的AIC值分别为3.235，2.576，3.029，2.899，均明显降低。

第二，AIC值比SC值在识别转换函数中效果好。样本容量50，10，150，200条件下，一个转换函数的SC值分别为3.417，2.704，3.147，2.979，而两个转换函数的SC值分别为3.426，2.706，3.129，2.982，除容量为150数据外，其余SC值都增大。

第三节　中国城镇居民消费函数趋势结构断点实证研究

针对两变量趋势结构断点序列，本书提出了它们的包含一个、两个结构断点的协整方程、检验统计量。实证应用中，趋势结构断点序列的协整检验步骤如下：

第一步，对序列进行基于结构断点模型的单位根检验。

第二步，拟合变量间包含趋势结构断点的协整模型，进行线性检验，考察序列间的协整关系是否存在非线性部分。在一个结构断点存在的情况下，考察是否还存在第二个结构断点。

第三步，在非线性部分存在条件下，根据变量间结构断点个数拟合协整方程。

第四步，根据协整方程拟合结果，检验残差的平稳性，以考察非线性协整关系是否存在。

改革开放以来，随着经济快速发展，我国居民消费水平得到大幅度提升，同时，伴随改革历程演变及制度变迁，居民消费发生结构转换。本书选取1980—2019年城镇居民的人均可支配收入和人均消费支出数据进行分析，从图5-4中可以看出，在城镇居民人均消费及人均收入的数据图中，存在明显的结构断点。两者的关系见图5-5。

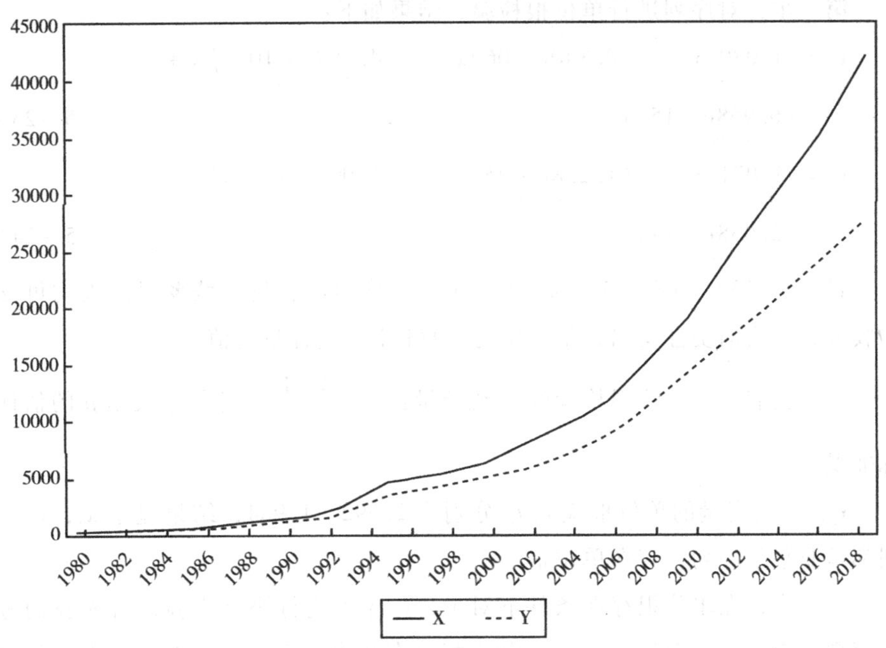

图 5-4　人均消费（*Y*）与人均收入（*X*）数据图

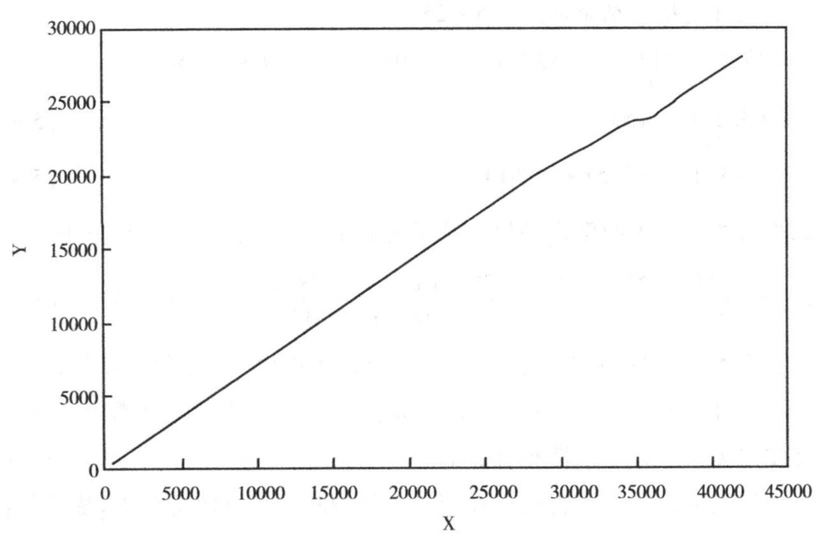

图 5-5　人均消费与人均收入协整关系图

基于前文的理论，对两变量的单位根及协整检验步骤如下：

第一步，对序列进行单位根检验，结果如下：

$$x_t = \underset{(3.086e-02)}{1.080}\ x_{t-1} + \underset{(4.767e-06)}{(8.840e-06)}x_{t-1}^2 - \underset{(2.184e-10)}{(4.989e-10)}x_{t-1}^3 + \underset{(3.039e-15)}{(6.968e-15)}x_{t-1}^4 \tag{5-23}$$

$$y_t = \underset{(3.578e-02)}{1.071}\ y_{t-1} + \underset{(8.240e-06)}{(1.238e-05)}y_{t-1}^2 - \underset{(5.650e-10)}{(1.007e-09)}y_{t-1}^3 + \underset{(1.180e-14)}{(2.038e-14)}y_{t-1}^4 \tag{5-24}$$

式（5-23）和式（5-24）中，x_t，y_t 分别代表我国城乡居民人均可支配收入和人均消费性支出，括号中为参数估计 t 统计量的值。

下面我们计算单位根检验的 t_ρ 统计量：$t_\rho = \frac{\hat{\rho}-1}{\eta}$，其中 η 表示 $\hat{\rho}$ 的估计标准误。

x_t，y_t 两变量的单位根检验 t_ρ 分别为 2.592、1.984，结果显示 x_t，y_t 序列都是非平稳序列，存在单位根。

第二步，在单位根存在条件下对 x_t，y_t 序列进行协整检验，首先我们考虑模型是否存在一个结构断点。分别拟合有约束、无约束模型，其中有约束模型为式（5-26）；无约束模型采用泰勒展开方式对转移函数近似替代，其三阶泰勒展开式拟合结果如式（5-25）：

$$y_t = \underset{(38.7)}{33.1} + \underset{(9.204)}{4.134t} + \underset{(0.04083)}{0.8278x_t} - \underset{(2.789e-06)}{1.091}\ x_t^2 - \underset{(8.858e-11)}{(2.979e-10)}x_t^3 - \underset{(9.823e-16)}{(3.221e-15)}x_t^4 \tag{5-25}$$

$$y_t = \underset{(6.040e+01)}{-161} + \underset{(4.806)}{62.5t} + \underset{(4.543e-03)}{0.6149}\ x_t \tag{5-26}$$

根据有约束、无约束模型拟合结果的剩余平方和构造 F 统计量为：

$$F_{21} = \frac{(SSR_0 - SSR_1)/3}{SSR_1/(T-6)} = \frac{(784376.3 - 186385.3)/3}{186385.3/34} = 36.36 \tag{5-27}$$

根据表 5-1 蒙特卡洛模拟出的临界值，在 0.05 的显著性水平下拒绝原假设，非线性项系数不全为 0。因此，我国城镇居民人均可支配收入和人均消费性支出关系存在非线性特征，且至少存在一个结构断点。在一个结构断点存在的情况下，考察是否还存在第二个结构断点。再次构造 F_{22} 统计量：

$$F_{22} = \frac{(SSR_1 - SSR_0)/6}{SSR_0/(T-9)} = \frac{(784376.3 - 186385.3)/6}{186385.3/31} = 16.577 \tag{5-28}$$

根据表 5-5 蒙特卡洛模拟出的临界值，在 0.05 的显著性水平下拒绝原假设。因此，认为模型存在两个结构断点。

第三步，在我国城乡居民人均可支配收入和人均消费性支出存在结构断点的基础上，拟合协整方程。利用 R 软件估计 STR 模型参数，结果如式（5－29）：

$$y_t = 50.23 + 45.70t + 0.50x_{t-1} + 0.14x_tG_1(\cdot) - 0.015x_tG_2(\cdot),$$

$$G_1(x_t;\gamma,c) = \{1 + \exp[-0.25(x_t - 2571.66)]\}^{-1} \tag{5-29}$$

$$G_2(x_t;\gamma,c) = \{1 + \exp[-5(x_t - 36076.62)]\}^{-1}$$

其中，转换函数与转换变量（x_t）之间的关系如图 5－6 所示。两个转换函数分别在 $c_1 = 2571.66$，$c_2 = 36076.62$ 时，从 0 变为 1，认为此处为我国城乡居民人均可支配收入和人均消费性支出之间关系的结构变动点。

第四步，对残差平稳性进行检验。对上述模型的残差拟合如下模型：

$$e_t = \hat{\rho}e_{t-1} \tag{5-30}$$

并提出假设：H_0：$\rho = 1$；H_1：$\rho < 1$。检验统计量为：

$$t = \frac{\hat{\rho} - 1}{\eta}$$

由残差拟合结果知 $\hat{\rho} = 0.01878$，计算检验统计量值为 $t = \frac{\hat{\rho} - 1}{\eta} = \frac{0.01878 - 1}{0.1609} = -6.099$，在 10% 显著性水平下，残差平稳性较好，上述协整方程成立。

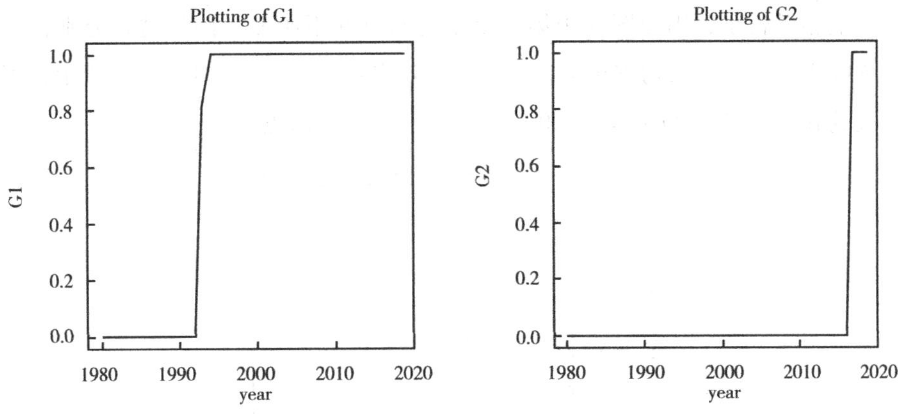

图 5－6 转换函数与转换变量（x_t）关系图

对原始数据进行分析发现，两个结构断点对应的时期分别为 1992—1993 年与 2015—2016 年；第一个转换函数前回归系数估计值为 0.14，第二个转换函数前回归系数为 -0.015。相比而言，第一个断点之后，人均收入对人均消费支出的边际影响变大；第二个断点之后，人均收入对人均消费支出的边际影响有所降低。由于第二个转换函数前回归系数为 -0.015 的绝对值相对较小，第二个结构断点的影响相对较小。

令 $response = \alpha_1 x_t + \delta_1 x_t G_1(\cdot) + \delta_2 x_t G_2(\cdot)$，它表示解释变量人均收入（$x_t$）对被解释变量人均支出（$y_t$）的贡献。作 response 与人均收入（$x_t$）之间的关系图，如图 5-7 所示。

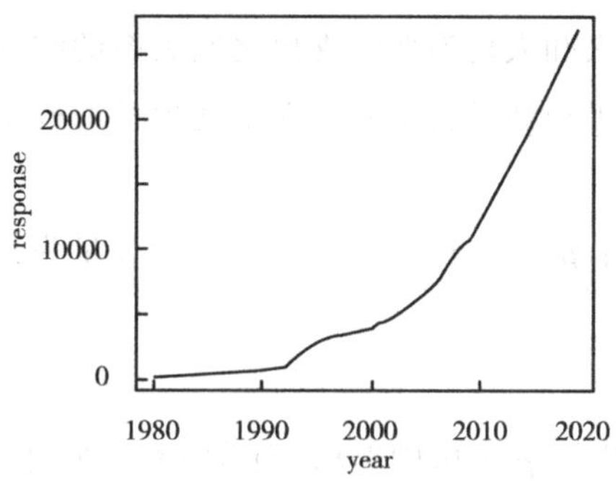

图 5-7　人均收入对人均消费贡献图

从图 5-7 中可见，在人均收入为 $c_1 = 2571.66$ 处存在明显的结构断点，由于第二个转换函数（转换位置为 $c_2 = 36076.62$）前回归系数为 -0.015，其绝对值相对较小，因而图像中第二个结构断点并不明显。同样地，分别作出人均收入（x_t）对人均支出（y_t）的边际效应系数 β_X 图，如图 5-8 所示，可见大约在 $x_t = 2571$ 与 $x_t = 36000$ 处存在明显的结构断点。

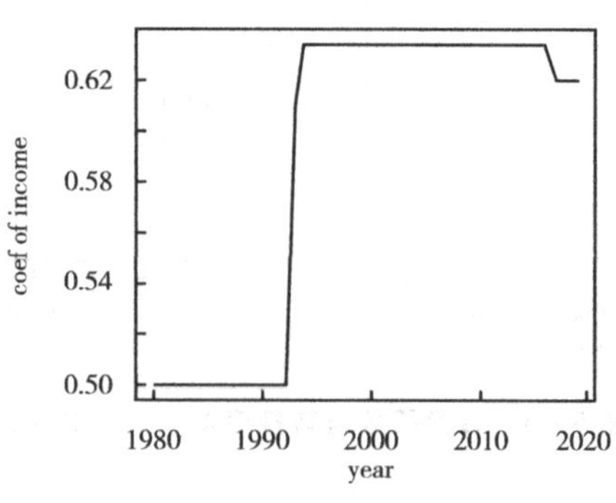

图 5-8　边际效应系数图

研究结果表明，1992—1993 年与 2015—2016 年为我国城镇居民消费函数的结构变动时点。1992 年以前为低区制区间，在低区制水平，我国城镇居民人均可支配收入对人均消费性支出的边际效应为 0.50；1992 年后为高区制区间，在高区制水平，边际效应为 0.64。改革开放以来，我国居民人均可支配收入水平持续提升，居民收入水平提高产生财富效应，成为居民消费支出水平提升的根本动力。1992 年我国确定经济体制改革的目标是建立社会主义市场经济体制，经济发展增速进一步提高，居民收入水平显著提升，居民消费支出进一步扩大，进一步导致消费支出有结构性变化。20 世纪 90 年代末，我国经历了医疗、养老、住房、教育等制度改革，这些改革带来的制度变迁导致居民的消费结构发生改变，恩格尔系数不断下降，而医疗保健、交通通信、文教娱乐等消费支出比重增加，居民消费结构的升级导致消费水平及边际消费倾向的提高。直至 2015 年，我国城镇居民人均可支配收入对人均消费性支出的边际效应略有下降，转换为 0.625，这体现了人民消费习惯的转变。随着人均收入的持续增加，在个人的消费水平已经得以满足后，人们储蓄的意愿显得更加强烈。

第四节　小　　结

趋势结构断点常见于宏观经济数据中，本书用 logistic 函数表示结构断点，将线性模型与 STR 模型结合，研究其协整问题。先后提出趋势结构断点序列协整检验模型、线性检验与协整检验统计量，模拟得到临界值，对统计量进行有限样本性质检验，并加以实证应用。本章得到的结论如下：

第一，提出两变量、一个结构断点的协整模型及 F_{21} 检验统计量。F_{21} 统计量分布有优良的有限样本性质，功效值在 0.85 以上，随着样本容量的增大，功效值接近于 1；在 5% 显著性水平下，F_{21} 统计量的势值在 0.05 左右，显示有合理的概率分布特征。两变量、两个结构断点的线性检验统计量 F_{22} 同样显示优良的有限样本性质。

第二，创新性地利用 F_{22} 统计量自由度的改变，解决了第二个结构断点的识别问题，模拟结果显示，与 AIC 等信息准则确定的结构断点个数一致。另外，利用最佳信息准则函数方法，同样可识别第二个结构断点，且 AIC 信息准则函数的识别效果优于 SC 信息准则函数。

第三，利用协整方程的残差提出协整检验统计量 t_e，统计量 t_e 的分布是非标准的，有限样本下的检验效果优良，能有效地检测出序列间的非线性协整关系；在 5% 显著性水平下，势值检验中，拒绝原假设概率基本在 0.05 左右，显示合理的概率分布特征。

第四，利用从 1980 年到 2019 年数据拟合我国城镇居民的人均消费函数。实证结果显示，人均消费与人均支出数据存在基于结构断点模型的单位根，具有结构变化特征；协整方程表明，两者的长期均衡关系中存在结构变化，在人均收入 2571 元以及 36076 元时，消费发生结构性变化，时间点在 1992—1993 年与 2015—2016 年，且边际消费倾向在第一个结构断点由 0.50 转为 0.64，在第二个结构断点处由 0.64 转为 0.625。这些变化与我国经历的经济体制以及住房、医疗、教育等制度变迁时间点基本吻合，也与居民消费习惯的转变有关。实证分析表明，考虑结构断点具有重要意义，既提高了模型的拟合优度，更能识别出具有经济意义的结构变迁特征。

第六章　多变量趋势结构断点序列协整理论与方法

第一节　多变量一个结构断点协整方程与检验

以趋势结构断点两变量间协整关系理论分析为基础，本章研究多变量间协整关系问题。相较于两变量，多变量间检验统计量数理推导以及模拟试验更复杂。本书考虑一个及两个结构断点情况，给出它们的线性检验统计量的分布以及临界值。

一、一个结构断点协整方程

在考虑序列趋势、多结构断点情况下，本书提出的多变量趋势结构断点单位根序列协整方程为：

$$y_t = \mu + \beta t + \alpha_1 x_{1t} + \cdots + a_k x_{kt} + (\alpha_{11} x_{1t} + \cdots + a_{1k} x_{kt}) G_1(\cdot) + \cdots + (\alpha_{m1} x_{1t} + \cdots + a_{mk} x_{kt}) G_m(\cdot) + \varepsilon_t \quad (6-1)$$

$$G_i(t;\gamma_i,c_i) = (1 + \exp\{-\gamma_i(x_t - c_i)\})^{-1}, i = 1,2,\cdots,m, c_1 < c_2 < \cdots < c_m \quad (6-2)$$

式（6-1）中，认为 x_t 与 y_t 存在线性协整关系，也存在非线性协整关系；非线性关系体现在 $x_t G(\cdot)$ 中，同时 y_t 的结构转换是由 x_t 引起的，即转换函数的转换变量是 x_t（$t = 1,2,\cdots,m$）。

为便于讨论，本书首先考虑一个结构断点、两个自变量情况，它们的趋势结构断点协整方程的形式为：

$$y_t = \mu + \beta t + \alpha_{11} x_{1t} + a_{12} x_{2t} + (\beta_{21} x_{1t} + \beta_{22} x_{2t}) G(\cdot) + \varepsilon_t \tag{6-3}$$

$$G(x_{1t}; \gamma, c) = (1 + \exp\{-\gamma(x_{1t} - c)\})^{-1} \tag{6-4}$$

二、线性检验统计量

在线性检验中，采取基于剩余平方和的 F 统计量。因为 $G(\cdot)$ 函数中存在参数不可识别的问题，所以采用 $G(\cdot)$ 的三阶泰勒展式进行，式（6－3）的展开结果为：

$$y_t = \mu + \beta t + \alpha_{11} x_{1t} + a_{12} x_{2t} + (\alpha_{21} x_{1t} + a_{22} x_{2t}) x_{1t} + (\alpha_{31} x_{1t} + a_{32} x_{2t}) x_{1t}^2 + (\alpha_{41} x_{1t} + a_{42} x_{2t}) x_{1t}^3 + \varepsilon_t \tag{6-5}$$

提出的假设为：

$H_{10}: \alpha_{k1} = \alpha_{k2} = 0, k = 2, 3, 4$

$H_{11}: \alpha_{k1}, \alpha_{k2}$ 至少有不为零的，$k = 2, 3, 4$

基于有约束和无约束模型的剩余平方和，提出 F_{31} 检验统计量为：

$$F_{31} = \frac{(SSR_0 - SSR_1)/6}{SSR_1/(N-10)} \tag{6-6}$$

为得到 F_{31} 统计量的分布，令：

$\beta = (\mu \quad \beta \quad \alpha_{11} \quad \alpha_{12} \quad \alpha_{21} \quad \alpha_{22} \quad \alpha_{31} \quad \alpha_{32} \quad \alpha_{41} \quad \alpha_{42})'$,

$X_t = (1 \quad t \quad x_{1t} \quad x_{2t} \quad x_{1t}^2 \quad x_{1t} \quad x_{2t} \quad x_{1t}^3 \quad x_{2t} \quad x_{1t}^2)$

$$R = \begin{pmatrix} 0 & 0 & 0 & 0 & 1 & 0 & 0 & 0 & 0 & 0 \\ 0 & 0 & 0 & 0 & 0 & 1 & 0 & 0 & 0 & 0 \\ 0 & 0 & 0 & 0 & 0 & 0 & 1 & 0 & 0 & 0 \\ 0 & 0 & 0 & 0 & 0 & 0 & 0 & 1 & 0 & 0 \\ 0 & 0 & 0 & 0 & 0 & 0 & 0 & 0 & 1 & 0 \\ 0 & 0 & 0 & 0 & 0 & 0 & 0 & 0 & 0 & 1 \end{pmatrix}, r = (0 \quad 0 \quad 0 \quad 0 \quad 0 \quad 0)' \tag{6-7}$$

$$
r_t = \begin{pmatrix}
T &&&&&&&&& \\
& T^{\frac{3}{2}} &&&&&&&& \\
&& T^2 &&&&&&& \\
&&& T^{\frac{5}{2}} &&&&&& \\
&&&& T^3 &&&&& \\
&&&&& T^{\frac{7}{2}} &&&& \\
&&&&&& T^4 &&& \\
&&&&&&& T^{\frac{9}{2}} && \\
&&&&&&&& T^5 & \\
&&&&&&&&& T^{\frac{11}{2}}
\end{pmatrix}
$$

协整检验零假设写成：$R\beta = r$

F 统计量的数理表达式定义为 w_l，则：

$$w_l = (R(\hat{\beta} - \beta))'\left[\hat{\sigma}^2 R\left\{\sum X_t X_t'\right\}^{-1} R'\right]^{-1} (R(\hat{\beta} - \beta))/6$$

引入前文 r_t，有：

$$w_l = ((\hat{\beta} - \beta)' r_t R')\left[\hat{\sigma}^2 R r_t \left\{\sum X_t X_t'\right\}^{-1} r_t R'\right]^{-1} (R r_t(\hat{\beta} - \beta))/6$$

因为，$r_t R' = (R r_t)' = r_t R'$

所以，$w_l = ((\hat{\beta} - \beta)'(R r_t)'\left[\hat{\sigma}^2 R r_t \left\{\sum X_t X_t'\right\}^{-1} r_t R'\right]^{-1} (R r_t(\hat{\beta} - \beta))/6$

又因为，$(\hat{\beta} - \beta)'(R r_t)' = (R r_t(\hat{\beta} - \beta))'$

$$w_l = (R r_t(\hat{\beta} - \beta))'\left[\hat{\sigma}^2 R r_t \left\{\sum X_t X_t'\right\}^{-1} r_t R'\right]^{-1} (R r_t(\hat{\beta} - \beta))/6 \qquad (6-8)$$

其中：

$$r_t^{-1} \sum X_t X_t' r_t^{-1} =$$

$$
\begin{pmatrix}
T^{-2} & T^{-\frac{5}{2}}\sum t & T^{-3}\sum x_{1t} & T^{-\frac{7}{2}}\sum x_{2t} & T^{-4}\sum x_{1t}^2 & T^{-\frac{9}{2}}\sum x_{2t}x_{1t} & T^{-5}\sum x_{1t}^3 & T^{-\frac{11}{2}}\sum x_{1t}^2x_{2t} & T^{-6}\sum x_{1t}^4 & T^{-\frac{13}{2}}\sum x_{1t}^3x_{2t} \\
T^{-\frac{5}{2}}\sum t & T^{-3}\sum t^2 & T^{-\frac{7}{2}}\sum tx_{1t} & T^{-4}\sum tx_{2t} & T^{-\frac{9}{2}}\sum tx_{1t}^2 & T^{-5}\sum tx_{2t}x_{1t} & T^{-\frac{11}{2}}\sum tx_{1t}^3 & T^{-6}\sum tx_{1t}^2x_{2t} & T^{-\frac{13}{2}}\sum tx_{1t}^4 & T^{-7}\sum tx_{1t}^3x_{2t} \\
T^{-3}\sum x_{1t} & T^{-\frac{7}{2}}\sum tx_{1t} & T^{-4}\sum x_{1t}^2 & T^{-\frac{9}{2}}\sum x_{2t}x_{1t} & T^{-5}\sum x_{1t}^3 & T^{-\frac{11}{2}}\sum x_{1t}^2x_{2t} & T^{-6}\sum x_{1t}^4 & T^{-\frac{13}{2}}\sum x_{1t}^3x_{2t} & T^{-7}\sum x_{1t}^5 & T^{-\frac{15}{2}}\sum x_{2t}x_{1t}^4 \\
T^{-\frac{7}{2}}\sum x_{2t} & T^{-4}\sum tx_{2t} & T^{-\frac{9}{2}}\sum x_{2t}x_{1t} & T^{-5}\sum x_{2t}^2 & T^{-\frac{11}{2}}\sum x_{1t}^3x_{2t} & T^{-6}\sum x_{2t}^2x_{1t} & T^{-\frac{13}{2}}\sum x_{1t}^3x_{2t} & T^{-7}\sum x_{2t}^2x_{1t}^2 & T^{-\frac{15}{2}}\sum x_{2t}x_{1t}^4 & T^{-8}\sum x_{2t}^2x_{1t}^3 \\
T^{-4}\sum x_{1t}^2 & T^{-\frac{9}{2}}\sum tx_{1t}^2 & T^{-5}\sum x_{1t}^3 & T^{-\frac{11}{2}}\sum x_{1t}^2x_{2t} & T^{-6}\sum x_{1t}^4 & T^{-\frac{13}{2}}\sum x_{1t}^3x_{2t} & T^{-7}\sum x_{1t}^5 & T^{-\frac{15}{2}}\sum x_{2t}x_{1t}^4 & T^{-8}\sum x_{1t}^6 & T^{-\frac{17}{2}}\sum x_{2t}x_{1t}^5 \\
T^{-\frac{9}{2}}\sum x_{1t}x_{2t} & T^{-5}\sum tx_{1t}x_{2t} & T^{-\frac{11}{2}}\sum x_{1t}^2x_{2t} & T^{-6}\sum x_{2t}^2x_{1t} & T^{-\frac{13}{2}}\sum x_{1t}^3x_{2t} & T^{-7}\sum x_{2t}^2x_{1t}^2 & T^{-\frac{15}{2}}\sum x_{1t}^4x_{2t} & T^{-8}\sum x_{2t}^2x_{1t}^3 & T^{-\frac{17}{2}}\sum x_{2t}x_{1t}^5 & T^{-9}\sum x_{2t}^2x_{1t}^4 \\
T^{-5}\sum x_{1t}^3 & T^{-\frac{11}{2}}\sum tx_{1t}^3 & T^{-6}\sum x_{1t}^4 & T^{-\frac{13}{2}}\sum x_{1t}^3x_{2t} & T^{-7}\sum x_{1t}^5 & T^{-\frac{15}{2}}\sum x_{1t}^4x_{2t} & T^{-8}\sum x_{1t}^6 & T^{-\frac{17}{2}}\sum x_{2t}x_{1t}^5 & T^{-9}\sum x_{1t}^7 & T^{-\frac{19}{2}}\sum x_{2t}x_{1t}^6 \\
T^{-\frac{11}{2}}\sum x_{2t}x_{1t}^2 & T^{-6}\sum tx_{1t}^2x_{2t} & T^{-\frac{13}{2}}\sum x_{1t}^3x_{2t} & T^{-7}\sum x_{2t}^2x_{1t}^2 & T^{-\frac{15}{2}}\sum x_{1t}^4x_{2t} & T^{-8}\sum x_{2t}^2x_{1t}^3 & T^{-\frac{17}{2}}\sum x_{1t}^5x_{2t} & T^{-9}\sum x_{2t}^2x_{1t}^4 & T^{-19}\sum x_{2t}x_{1t}^6 & T^{-10}\sum x_{2t}^2x_{1t}^5 \\
T^{-6}\sum x_{1t}^4 & T^{-\frac{13}{2}}\sum x_{1t}^4 & T^{-7}\sum x_{1t}^5 & T^{-\frac{15}{2}}\sum x_{1t}^4x_{2t} & T^{-8}\sum x_{1t}^6 & T^{-\frac{17}{2}}\sum x_{2t}x_{1t}^5 & T^{-9}\sum x_{1t}^7 & T^{-\frac{19}{2}}\sum x_{2t}x_{1t}^6 & T^{-10}\sum x_{1t}^8 & T^{-\frac{21}{2}}\sum x_{2t}x_{1t}^7 \\
T^{-\frac{13}{2}}\sum x_{2t}x_{1t}^3 & T^{-7}\sum x_{1t}^3x_{2t} & T^{-\frac{15}{2}}\sum x_{1t}^4x_{2t} & T^{-8}\sum x_{2t}^2x_{1t}^3 & T^{-\frac{17}{2}}\sum x_{1t}^5x_{2t} & T^{-9}\sum x_{2t}^2x_{1t}^4 & T^{-\frac{19}{2}}\sum x_{1t}^6x_{2t} & T^{-10}\sum x_{2t}^2x_{1t}^5 & T^{-\frac{21}{2}}\sum x_{2t}x_{1t}^7 & T^{-11}\sum x_{2t}^2x_{1t}^6
\end{pmatrix}
\qquad (6-9)
$$

根据维纳过程和泛函中心极限定理得到 $r_t^{-1}\sum X_tX_t'r_t^{-1}$ 的分布，用 $Y(\cdot)$ 表示。限于篇幅，在式（5－9）中给出的分布，这里就不给出了，式（6－9）中未在式（5－9）中包括的分布如下：

$$T^{-\frac{11}{2}}\sum x_{2t}x_{1t}^2 \to \sigma^3\int_0^1 w_1(r)(w_2(r))^2\mathrm{d}r$$

$$T^{-\frac{13}{2}}\sum x_{2t}x_{1t}^3 \to \sigma^4\int_0^1 w_1(r)(w_2(r))^3\mathrm{d}r$$

$$T^{-5}\sum tx_{2t}x_{1t} \to \sigma^2\int_0^1 rw_1(r)w_2(r)\mathrm{d}r$$

$$T^{-6}\sum tx_{2t}x_{1t}^2 \to \sigma^3\int_0^1 rw_1(r)(w_2(r))^2\mathrm{d}r$$

$$T^{-7}\sum tx_{2t}x_{1t}^3 \to \sigma^4\int_0^1 rw_1(r)(w_2(r))^3\mathrm{d}r$$

$$T^{-\frac{15}{2}}\sum x_{2t}x_{1t}^4 \to \sigma^5\int_0^1 w_1(r)(w_2(r))^4\mathrm{d}r$$

$$T^{-8}\sum x_{2t}^2x_{1t}^3 \to \sigma^5\int_0^1 (w_1(r))^2(w_2(r))^3\mathrm{d}r$$

$$T^{-\frac{17}{2}}\sum x_{2t}x_{1t}^5 \to \sigma^6\int_0^1 w_1(r)(w_2(r))^5\mathrm{d}r$$

$$T^{-7}\sum x_{2t}^2x_{1t}^2 \to \sigma^4\int_0^1 (w_1(r))^2(w_2(r))^2\mathrm{d}r$$

$$T^{-9}\sum x_{2t}^2x_{1t}^4 \to \sigma^6\int_0^1 (w_1(r))^2(w_2(r))^4\mathrm{d}r$$

$$T^{-\frac{19}{2}}\sum x_{2t}x_{1t}^6 \to \sigma^7\int_0^1 w_1(r)(w_2(r))^6\mathrm{d}r$$

$$T^{-10}\sum x_{2t}^2x_{1t}^5 \to \sigma^7\int_0^1 (w_1(r))^2(w_2(r))^5\mathrm{d}r$$

$$T^{-\frac{21}{2}}\sum x_{2t}x_{1t}^7 \to \sigma^8\int_0^1 w_1(r)(w_2(r))^7\mathrm{d}r$$

$$T^{-11}\sum x_{2t}^2x_{1t}^6 \to \sigma^8\int_0^1 (w_1(r))^2(w_2(r))^6\mathrm{d}r$$

同理得到 $r_t^{-1}\sum X_t\varepsilon_t$ 的极限分布，用 $v(\cdot)$ 表示：

$$r_t^{-1}\sum X_t\varepsilon_t=\begin{pmatrix} T^{-1}\sum t\varepsilon_t \\ T^{-\frac{3}{2}}\sum t\varepsilon_t \\ T^{-2}\sum x_{1t}\varepsilon_t \\ T^{-\frac{5}{2}}\sum x_{2t}\varepsilon_t \\ T^{-3}\sum x_{1t}^2\varepsilon_t \\ T^{-\frac{7}{2}}\sum x_{1t}x_{2t}\varepsilon_t \\ T^{-4}\sum x_{1t}^3\varepsilon_t \\ T^{-\frac{9}{2}}\sum x_{2t}x_{1t}^2\varepsilon_t \\ T^{-5}\sum x_{1t}^4\varepsilon_t \\ T^{-\frac{11}{2}}\sum x_{2t}x_{1t}^3\varepsilon_t \end{pmatrix}\xrightarrow{L}h(\cdot)=\begin{pmatrix} \sigma W(1) \\ \sigma W(1)-\sigma\int_0^1 W(r)dr \\ \sigma^2\int_0^1 W(r)dW(r) \\ \sigma^2\int_0^1 W(r)dW(r) \\ \sigma^3\int_0^1 (W(r))^2dW(r) \\ \sigma^3\int_0^1 W_1(r)W_2(r)dW(r) \\ \sigma^4\int_0^1 (W(r))^3dW(r) \\ \sigma^4\int_0^1 W_2(r)(W_1(r))^2dW(r) \\ \sigma^5\int_0^1 (W_1(r))^4dW(r) \\ \sigma^5\int_0^1 W_2(r)(W_1(r))^3dW(r) \end{pmatrix} \tag{6-10}$$

$$r_t(\hat\beta-\beta)=\left[r_t^{-1}\left(\sum X_tX_t'\right)r_t^{-1}\right]^{-1}(r_t^{-1}\sum X_t\varepsilon_t)$$

于是，$r_t(\hat\beta-\beta)$ 的分布可以表示成 $Y^{-1}(\cdot)v(\cdot)$

则：$w_l\Rightarrow(RY^{-1}(\cdot)v(\cdot))'[\hat\sigma^2RY^{-1}(\cdot)R']^{-1}(RY^{-1}(\cdot)v(\cdot))/3$

为了得到 F_{31} 统计量的临界值，利用蒙特卡洛模拟试验得到临界值，试验次数为 20000 次，具体的模拟步骤为：

第一步：生成包含趋势结构断点的单位根序列 $\{x_{1t}\}$、$\{x_{2t}\}$，并在 H_{10} 成立条件下，生成 $\{y_t\}$ 序列；

第二步：拟合 $y_t=\mu+\beta t+\alpha_{11}x_{1t}+a_{12}x_{2t}$ 模型，得到残差平方和，记为 SSR_0；

第三步：拟合 y_t 关于 $G_1(\cdot)$ 的三阶泰勒展开式的模型，即式（6-5），得到剩余平方和，记为 SSR_1；

第四步：计算 F_{31} 统计量，见式（6-6），F_{31} 统计量的模拟临界值见表 6-1。

表 6-1　　F_{31}统计量临界值表

样本容量	显著性水平							
	0.01	0.025	0.05	0.1	0.9	0.95	0.975	0.99
50	3.32	2.77	2.36	1.96	0.36	0.27	0.20	0.14
100	3.03	2.56	2.23	1.85	0.36	0.27	0.20	0.15
150	2.98	2.53	2.19	1.83	0.37	0.27	0.20	0.14
200	2.96	2.51	2.15	1.81	0.37	0.28	0.21	0.14

三、有限样本下 F_{31} 统计量性质检验

为了对提出的检验统计量 F_{31} 进行检验，需要对其功效（power）及势（size）进行检验。

（一）功效检验

在功效（power）检验中，检验步骤如下：

首先，生成 x_{1t}，x_{2t}序列，具体参数如下：

$x_{1t}=1.1+0.2t+x_{1t-1}-0.6x_{1t-1}G(\cdot)$，$G(\cdot)$ 中 $\gamma=3$，$c=15$

$x_{2t}=2.3+0.3t+x_{2t-1}-0.5x_{2t-1}G(\cdot)$，$G(\cdot)$ 中 $\gamma=2$，$c=13$

其次，按照表 6-2 的系数值生成 $\{y_t\}$ 序列，最后，拟合线性模型和模型（6-5），利用两个剩余平方和的值得到 F_{31} 统计量值，试验次数为 10000 次，结果见表 6-2：

表 6-2　　一个转换函数 F_{31} 的 power 检验结果

样本容量	power	
	数据生成	拒绝概率
50	$\alpha_{11}=0.5$　$\alpha_{12}=0.6$ $\alpha_{21}=-0.6$　$\alpha_{22}=-0.3$ $\gamma_1=3$　$c=1.2$	0.924
100	$\alpha_{11}=-0.3$　$\alpha_{12}=-0.5$ $\alpha_{21}=0.7$　$\alpha_{22}=0.8$ $\gamma_1=2$　$c=2.3$	0.996

续表

样本容量	power	
	数据生成	拒绝概率
150	$\alpha_{11}=-0.9$ $\alpha_{12}=-0.3$ $\alpha_{21}=0.5$ $\alpha_{22}=0.4$ $\gamma_1=1.5$ $c=2.7$	0.997
200	$\alpha_{11}=0.7$ $\alpha_{12}=0.5$ $\alpha_{21}=-0.3$ $\alpha_{22}=-0.1$ $\gamma_1=0.7$ $c=3.5$	1

表6-2检验结果显示：F_{31}统计量的检验功效优良，在0.9以上，且随样本容量的增大，功效值也在增大；$\{y_t\}$序列是按照趋势结构断点序列生成的，本书提出的F_{31}统计量能有效监测出序列间存在的协整关系。

（二）势值检验（size）

在size检验中，$\{y_t\}$序列按照式（6-3）生成，具体参数取值如表6-3所示；拟合线性模型和方程（6-5）后，利用两个模型的剩余平方和得到F_{31}统计量值。试验次数均为10000次，结果见表6-3。表6-3结果显示，在5%显著性水平下，势值在0.05左右，显示了合理的概率分布特征。协整检验统计量见第五章。

表6-3　一个转换函数F_{31}的size检验结果

样本容量	size	
	数据生成	拒绝概率
50	$\alpha_{11}=0.5$ $\alpha_{12}=0.6$	0.055
100	$\alpha_{11}=-0.3$ $\alpha_{12}=-0.5$	0.0489
150	$\alpha_{11}=-0.9$ $\alpha_{12}=-0.3$	0.0446
200	$\alpha_{11}=0.7$ $\alpha_{12}=0.5$	0.0493

第二节　多变量两个结构断点协整方程与检验

在一个转换函数存在的情况下，需要考察是否需要第二个转换函数。在第二个转换函数的检测中，同样遇到上一章提到的问题，采取的方式体现在F统计量的自由度中。

一、两个结构断点协整方程

首先，提出的多变量两个转换函数的协整方程为：

$$y_t=\mu+\beta t+\alpha_{11}x_{1t}+a_{12}x_{2t}+(\alpha_{21}x_{1t}+a_{22}x_{2t})G_1(\cdot)+(\alpha_{31}x_{1t}+a_{32}x_{2t})G_2(\cdot)+\varepsilon_t \quad (6-11)$$

$$G_i(x_{1t};\gamma_i,c_i)=(1+\exp\{-\gamma_i(x_{1t}-c_i)\})^{-1},i=1,2,c_1<c_2$$

式（6－11）中，认为 x_t 与 y_t 存在线性协整关系，也存在非线性协整关系；非线性关系体现在 $x_tG(\cdot)$ 中，同时 y_t 的结构转换是由 x_{1t}引起的，即转换函数的转换变量是 x_{1t}。当 $x_{1t}<c_1$ 时，$G_1(\cdot)\to0,G_2(\cdot)\to0$，$x_t$ 对 y_t 的影响是 $\alpha_{11}+\alpha_{12}$；当 $c_1<x_t<c_2$ 时，$G_1(\cdot)\to1$，$G_2(\cdot)\to0$，x_t 对 y_t 的影响是 $\alpha_{11}+\alpha_{12}+\alpha_{21}+\alpha_{22}$；当 $x_t>c_2$ 时，$G_1(\cdot)\to1$，$G_2(\cdot)\to1$，x_t 对 y_t 的影响是 $\alpha_{11}+\alpha_{12}+\alpha_{21}+\alpha_{22}+\alpha_{31}+\alpha_{32}$。

二、线性检验统计量

若拒绝前文 H_{10}，继续检测是否还有第二个转换函数，进行 H_{20}的检验，提出假设：

H_{20}：$\alpha_{31}=\alpha_{32}=0$；$H_{21}$：$\alpha_{31}$，$\alpha_{32}$至少有不为零的。

因为 H_{20}是在 H_{11}成立条件下才有意义的，所以，仍然可以采用F统计量的形式进行，在自由度上体现第二个结构断点。

用 y_t 先拟合线性模型，剩余平方和记为 SSR_0，然后拟合 $\hat{y}_t$ 关于转换函数的三阶泰勒展开式的模型，见式（6-12），记剩余平方和为 SSR_1，构建 F_{32} 统计量，即：

$$\hat{y}_t = \mu + \alpha t + \alpha_{11}x_{1t} + \alpha_{12}x_{2t} + (\alpha'_{21}x_{1t} + \alpha'_{22}x_{2t})x_{1t} + (\alpha'_{31}x_{1t} + \alpha'_{32}x_{kt})x_{1t}^2 + (\alpha'_{41}x_{1t} + \alpha'_{42}x_{kt})x_{1t}^3 \quad (6-12)$$

$$F_{32} = \frac{(SSR_0 - SSR_1)/12}{SSR_1/(N-16)} \quad (6-13)$$

利用 20000 次蒙特卡洛模拟试验，得到式（6-13）F_{32} 统计量临界值，见表 6-4。

表 6-4　F_{32} 统计量临界值表

样本容量	F							
	0.01	0.025	0.05	0.1	0.9	0.95	0.975	0.99
50	1.436	1.204	1.028	0.833	0.157	0.116	0.088	0.061
100	1.451	1.213	1.038	0.862	0.175	0.128	0.096	0.067
150	1.441	1.220	1.051	0.878	0.174	0.127	0.097	0.071
200	1.397	1.189	1.039	0.883	0.179	0.132	0.101	0.072

三、有限样本下 F_{32} 统计量性质检验

与两个变量、两个转换函数的思路相同，序列值先拟合线性模型，然后与转换函数的三阶泰勒展开式进行拟合，在自由度上体现两个函数的差异。

（一）功效检验

在功效（power）的检验中，检验步骤如下：

首先，生成 $\{x_{1t}\}$，$\{x_{2t}\}$ 序列，具体参数如下：

$x_{1t} = 1.1 + 0.2t + x_{1t-1} - 0.6x_{1t-1}G(\cdot), G(\cdot)$ 中 $\gamma = 3, c = 15$

$x_{2t} = 2.3 + 0.3t + x_{2t-1} - 0.5x_{2t-1}G(\cdot), G(\cdot)$ 中 $\gamma = 2, c = 13$

其次，生成有两个转换函数的 $\{y_t\}$ 序列，见方程（6-11），参数取值见表 6-5。用 $\{y_t\}$ 先拟合线性模型，然后用 $\{y_t\}$ 与转换函数的三阶泰勒展开拟合模型，即式（6-12），利用两个模型的剩余平方和得到 F_{32} 统计量值，试验次数为 10000 次，检验结果见表 6-5。从表 6-5 可见，F_{32} 统计量

在 power 检验中表现优良，能检测出序列间存在的两个转换函数，尤其利用自由度的改变，解决了第二个结构断点识别问题。

表 6－5　有限样本 F_{32} 统计量 power 检验结果

样本容量	power	
	数据生成	拒绝概率
50	$\alpha_{11}=1.5$　$\alpha_{12}=0.7$ $\alpha_{21}=0.8$　$\alpha_{22}=0.3$ $\alpha_{31}=0.2$　$\alpha_{32}=0.6$ $\gamma_1=1.1$　$c_1=3.5$ $\gamma_2=0.8$　$c_2=7.9$	1
100	$\alpha_{11}=-0.3$　$\alpha_{12}=0.9$ $\alpha_{21}=1.1$　$\alpha_{22}=0.8$ $\alpha_{31}=-2.3$　$\alpha_{32}=-0.9$ $\gamma_1=1.1$　$c_1=23$ $\gamma_2=0.8$　$c_2=41$	1
150	$\alpha_{11}=1.1$　$\alpha_{12}=-0.3$ $\alpha_{21}=0.5$　$\alpha_{22}=0.4$ $\alpha_{31}=-1.9$　$\alpha_{32}=0.3$ $\gamma_1=0.5$　$c_1=27$ $\gamma_2=0.7$　$c_2=50$	1
200	$\alpha_{11}=0.7$　$\alpha_{12}=-1.5$ $\alpha_{21}=0.3$　$\alpha_{22}=-0.1$ $\alpha_{31}=-1.1$　$\alpha_{32}=0.5$ $\gamma_1=0.7$　$c_1=35$ $\gamma_2=0.5$　$c_2=55$	1

（二）势值检验

势值（size）的检验中，是在原假设成立的条件下进行的；按照式（6－11）生成 $\{y_t\}$ 序列，只是需要一个转换函数，参数取值见表 6－6；对于 $\{y_t\}$ 序列，先后拟合线性模型和式（6－12），试验次数为 10000 次，利用两个模型剩余平方和得到 F_{32} 统计量，检验结果见表 6－6。从表 6－6 可见，在 5% 显著性水平下，势值在 0.05 左右，F_{32} 统计量概率分布合理。

表 6-6 有限样本 F_{32} 统计量 size 检验结果

样本容量	size	
	数据生成	拒绝概率
50	$\alpha_{11}=1.5$ $\alpha_{12}=0.7$ $\alpha_{21}=0.8$ $\alpha_{22}=0.3$ $\gamma_1=1.1$ $c_1=13$	0.0479
100	$\alpha_{11}=-0.3$ $\alpha_{12}=0.9$ $\alpha_{21}=1.1$ $\alpha_{22}=0.8$ $\gamma_1=1.1$ $c_1=23$	0.0501
150	$\alpha_{11}=1.1$ $\alpha_{12}=-0.3$ $\alpha_{21}=0.5$ $\alpha_{22}=0.4$ $\gamma_1=0.5$ $c_1=27$	0.0506
200	$\alpha_{11}=0.7$ $\alpha_{12}=-1.5$ $\alpha_{21}=0.3$ $\alpha_{22}=-0.1$ $\gamma_1=0.7$ $c_1=35$	0.0487

第三节 中国货币需求函数趋势结构断点序列实证分析

一、研究背景

从 20 世纪 50 年代开始，货币需求函数的研究就是宏观经济学研究的主题。大多数研究基于非平稳时间序列的线性协整检验，而且证明存在协整关系；也有一些文献用非线性模型研究货币需求函数，如 Teräsvirta（1999）、Teräsvirta 和 Eliasson（2001）用 STR 模型对德国和英国 M1 差分值建模，假定货币需求与相关因素存在长期线性协整关系，但是，在误差修正模型部分使用非线性 STR 模型。也就是说，非线性仅限于短期动态调整部分，这是大部分基于 STR 模型协整研究的思路；Saikkonen（2004）等用 STR 分析货币需求，研究思路是相似的。

按照经济理论，货币需求是由交易动机决定的，是在收入与支出之间的一种平衡，同时也是一种资产持有，可以避免投入股市、债券市场后收益波动风险。因此，按照 Choi 等（2004），长期的货币需求函数可以表示为：

$$\frac{M^d}{P}=f(Y,R,\Delta P)$$

其中，M^d——货币需求；P——价格水平；Y——真实收入；R——资产利率；ΔP——通胀率。

需要说明的是，资产利率既表示持有货币的利率，也表明持有货币而放弃其他资产的机会成本，因此，需要有两个变量来表示。实证分析中，M^d 选用 M1 表示，P 用 GDP 紧缩指数表示，Y 用扣除价格变动的真实 GDP 表示，R 用存款利率及长期债券回报率表示，ΔP 用 CPI 表示。

实证分析中使用的模型是包含 STR 模型的协整方程。经济理论没有说明长期的货币需求函数是线性的，当然也没有说明适合 STR 模型。

本书认为有两个理由说明货币需求函数可能适合 STR 模型。第一，许多变量在经济周期波动中会显示出非对称性，货币需求函数中包含的真实收入及通胀率等有非对称的周期波动特征，因此，货币需求函数可能会因为它们的影响而出现非对称性，适合 STR 模型。第二，如果存款利率很低，持有货币的收益接近于 0，居民对货币持有不做任何改变。换句话说，当利率很低时，货币需求对利率是不敏感的，而利率较高时，恰好相反。因此，利率对货币需求的影响具有非对称性。Choi（2004）对 1982 年 3 季度至 1998 年 4 季度的英国货币需求函数进行实证研究，检验存在 STR 协整关系，实际 GDP 和存款利率可以作为转换变量。本书借鉴 Choi（2004）研究框架，实证分析中国货币需求函数。

二、变量选择及模型建立

本书选择的变量是：M^d 用 M1 表示，P 用 GDP 平减指数表示，Y 用不变价 GDP 表示，R 用存款利率表示，ΔP 用 CPI 表示。数据来自同花顺数据库。在后文中，我们用 y 表示 $\frac{M^d}{P}$，并将它作为因变量，x_1，x_2，x_3 为解释变量，分别表示 CPI、GDP 不变价和资产利率。我们提取 1980—2017 年的上述各变量数值作为以下实证研究的样本。

具体建模步骤如下：

第一步：基于STR模型的单位根检验。

每个变量分别进行基于STR模型的单位根检验，其中非线性部分使用三阶泰勒展开式来近似。以y_t为例，如式（6-14）：

$$y_t = \rho y_{t-1} + a_1 y_{t-1}^2 + a_2 y_{t-1}^3 + a_3 y_{t-1}^4 + \varepsilon_t \tag{6-14}$$

计算单位根检验的t统计量：$t = \frac{\hat{\rho} - 1}{\eta}$，其中$\eta$表示$\hat{\rho}$的估计标准误。

各个变量非线性单位根检验的t统计量值如表6-7所示：

表6-7 各变量单位根检验t统计量值

变量	y	x_1	x_2	x_3
t	1.688312	-0.3928928	2.751323	1.384274

由非线性单位根t检验表（此处引用文献《平滑转换自回归模型的理论与应用研究》第三章临界值表），在0.01的显著性水平下，t统计量的临界值为-2.009，可知四个变量的序列均不平稳。

第二步：转换变量选择。

为判断三个解释变量CPI、GDP不变价和资产利率哪一个对因变量$\frac{M^d}{P}$的非线性影响更显著，下面依次将x_1，x_2，x_3代入式（6-15）作为转换变量进行拟合，其中我们模型中的非线性部分用泰勒展开式表示。

$$\begin{aligned} y_t = & \mu + \beta t + a_{11}x_{1t} + a_{12}x_{2t} + a_{13}x_{3t} + (a_{21}x_{1t} + a_{22}x_{2t} + a_{23}x_{3t})x_d + \\ & (a_{31}x_{1t} + a_{32}x_{2t} + a_{33}x_{3t})x_d^2 + (a_{41}x_{1t} + a_{42}x_{2t} + a_{43}x_{3t})x_d^3 + \varepsilon_t, \\ & d = 1,2,3 \end{aligned} \tag{6-15}$$

对于不同的转换变量，拟合结果如表6-8所示：

表6-8 各转换变量非线性模型拟合结果

转换变量	x_1	x_2	x_3
残差标准误	2312	1161	2473
调整的R^2	0.9902	0.9975	0.9888
F统计量	289.4	1154	252.8

我们可以按F统计量对转换变量进行选择；除此以外，由于对于不同的转换变量，模型自由度不变，所以也可选择使模型残差平方和最小的转换变量。在三个变量作为转换变量的线性检验中，在5%显著性水平下，均拒绝原假设。依据拒绝原假设理由最充分原则，选择 x_2 为转换变量。

第三步：协整关系检验。

与本书理论部分一致，我们考虑三机制、两个结构断点的情况，进行线性检验。它们的趋势结构断点协整方程的形式为：

$$y_t = \mu + \beta t + \alpha_{11}x_{1t} + \alpha_{12}x_{2t} + \alpha_{13}x_{3t} + (\alpha_{21}x_{1t} + \alpha_{22}x_{2t} + \alpha_{23}x_{3t})G_1(\cdot) + (\alpha_{31}x_{1t} + \alpha_{32}x_{2t} + \alpha_{33}x_{3t})G_2(\cdot) + \varepsilon_t \quad (6-16)$$

$$G_j(x_{2t};\gamma_j,c_j) = (1 + \exp\{-\gamma_j(x_{2t} - c_j)\})^{-1}$$

同样地，我们采用 $G(\cdot)$ 的三阶泰勒展式进行展开，即：

$$y_t = \mu + \beta t + a_{11}x_{1t} + a_{12}x_{2t} + a_{13}x_{3t} + (a_{21}x_{1t} + a_{22}x_{2t} + a_{23}x_{3t})x_{2t} + (a_{31}x_{1t} + a_{32}x_{2t} + a_{33}x_{3t})x_{2t}^2 + (a_{41}x_{1t} + a_{42}x_{2t} + a_{43}x_{3t})x_{2t}^3 + \varepsilon_t \quad (6-17)$$

对于模型（6－16）线性检验提出的假设为：

$H_{01}: a_{k1} = a_{k2} = a_{k3} = 0, k = 2,3,4$

$H_{11}: a_{k1}, a_{k2}$ 至少有不为零的，$k = 2,3,4$

为计算上述检验的F统计量，我们分别拟合非线性模型（6－17）及线性模型（6－18），两模型的残差平方和分别为 $SSR_0 = 179505471$，$SSR_1 = 32330702$，分别对应的自由度为33、24。

$$y_t = \mu + \beta t + a_{11}x_{1t} + a_{12}x_{2t} + a_{13}x_{3t} + \varepsilon_t \quad (6-18)$$

计算 F 统计量值如下所示：

$$F = \frac{(SSR_0 - SSR_1)/9}{SSR_1/(N-14)} = 12.13911$$

在0.01的显著性水平下，F统计量的临界值为3.32，有理由拒绝原假设。在一个转换函数存在的情况下，需要考察是否需要第二个转换函数，即在拒绝 H_{10} 的情况下，进行 H_{20} 的检验。对于原模型（6－11）提出假设：

$H_{20}: \alpha_{31} = \alpha_{32} = \alpha_{33} = 0; H_{21}: \alpha_{31}, \alpha_{32}, \alpha_{33}$ 至少有一个不为零。

根据前文，仍然可以采用F统计量的形式进行检验。

$$F_2 = \frac{(SSR_0 - SSR_1)/18}{SSR_1/(N-23)} = 3.793473$$

在0.01的显著性水平下，F_2 统计量的临界值为1.436，有理由拒绝原假

设 H_{20}。因而选择三变量、三机制、两个转换函数的非线性模型。

第四步：协整方程拟合

CPI、GDP 不变价和资产利率对因变量 $\frac{M^d}{P}$ 的非线性影响模型拟合结果如下：

$$y_t = 911.4 - 66.91t + 75.83x_{1t} + 0.6.60x_{2t} - 417.5x_{3t} +$$
$$+ (9228x_{1t} + 0.7450x_{2t} - 53930x_{3t})g_1(\cdot)$$
$$+ (-1434x_{1t} - 0.2472x_{2t} + 8948x_{3t})g_2(\cdot)$$

其中 $g_1(x_{2t};\gamma,c) = \{1 + \exp[-100 \times (x_{2t} - 109107.4)]\}^{-1}$

$$g_2(x_{2t};\gamma,c) = \{1 + \exp[-100 \times (x_{2t} - 59771.22)]\}^{-1} \quad (6-19)$$

各个变量显著性如表 6－9 所示，从中可见非线性部分各个变量在 1% 显著性水平下对因变量影响显著。

表 6－9　　STR 趋势结构断点协整方程估计结果

	估计值	标准差	t 值	p 值	显著性
(Intercept)	9.114e+02	1.107e+03	0.823	0.41764	
t	-6.691e+01	8.059e+01	-0.830	0.41367	
x_1	7.583e+01	6.888e+01	1.101	0.28064	
x_2	6.060e-01	4.752e-02	12.752	6.10e-13	***
x_3	-4.175e+02	1.769e+02	-2.360	0.02573	*
I(G1 * x_1)	9.228e+03	2.939e+03	3.140	0.00407	**
I(G1 * x_2)	7.450e-01	1.168e-01	6.379	7.85e-07	***
I(G1 * x_3)	-5.393e+04	8.828e+03	-6.108	1.59e-06	***
I(G2 * x_1)	-1.434e+03	2.817e+02	-5.091	2.38e-05	***
I(G2 * x_2)	-2.472e-01	5.245e-02	-4.714	6.58e-05	***
I(G2 * x_3)	8.948e+03	1.486e+03	6.020	2.01e-06	***

在线性检验并且拟合协整方程后，需要对方程进行基于残差的协整检验。因为假定 ε_t 是零均值平稳序列，因而，对上述模型的残差拟合如下模型：

$$e_t = \hat{\rho}e_{t-1} \quad (6-20)$$

并提出假设：$H_0:\rho = 1; H_1:\rho < 1$。检验统计量为：

$$t = \frac{\hat{\rho} - 1}{\eta}$$

由残差拟合结果知 $\hat{\rho}=0.1815$，计算检验统计量值为 $t=\frac{\hat{\rho}-1}{\eta}=\frac{0.1815-1}{0.1633}=-0.5012$，残差平稳性较好，上述协整方程成立。

三、实证结果分析

由上述分析可知，CPI、不变价 GDP、资产利率与实际货币需求之间有显著的非线性协整关系。其中不变价 GDP 对实际货币需求的非线性影响最为特殊，即出现了两个结构断点，分别位于 $x_2=59771.22$、$x_2=109107.04$ 处；断点对应的年度分别为 2007—2008 年度与 2014—2015 年度。实际上，在各年度实际货币需求量折线图中（见图 6-1），上述两个转折也较为显著。

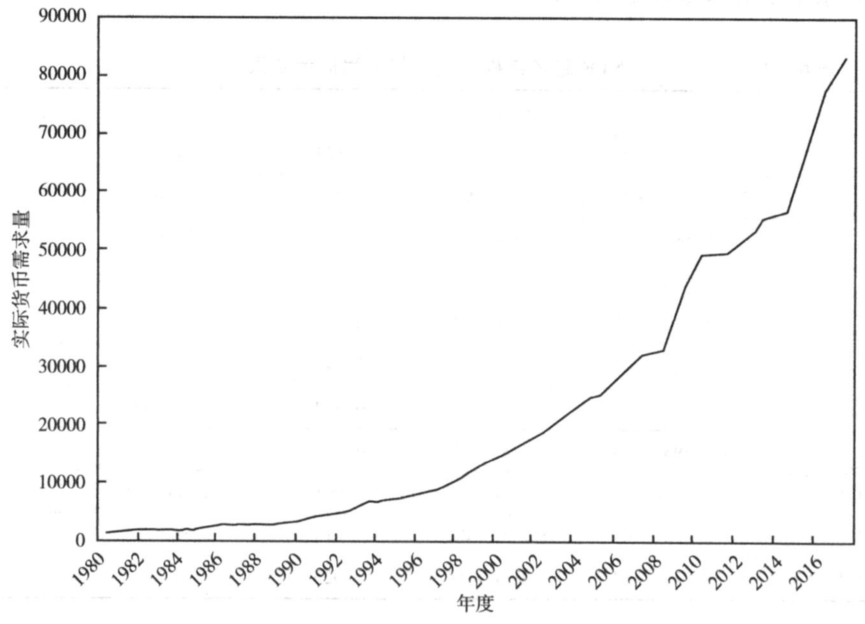

图 6-1　各年度实际货币需求量图

由协整方程拟合结果知，在 2007 年及以前，CPI、不变价 GDP、资产利率对实际货币需求的平均贡献分别为 75.83、0.606、-417.5；2008—2014 年，三变量平均贡献分别为 9303.83、1.351、-54347.5；2015—2017 年，三变量平均贡献分别为 7869.83、1.1038、-45399.5。

2007 年，国际油价持续走高，成本增加带来了物价的上涨，此后我国 CPI 一反之前稳态，逐渐走高。2007 年，是中国经济连续保持两位数增长的第 5 年，由于经济较热，居民消费需求增大。在此背景下，我国信贷过度增长引起投资需求旺盛。在消费、投资全面升温之下，CPI、不变价 GDP、资产利率对货币需求量的影响均显著增大。

2014 年以前，信贷增长吸引了较多资金，由此导致流动性过剩。2013 年下半年以来，央行加强银行体系的流动性管理，控制货币信贷和社会融资总量适度增长。资产利率在 2015 年后的 5 年均保持在 1.5 的水平。同时，城市房地产市场出现调整，较多企业破产，引起相关产业资金链断裂，各方面原因造成了经济增长速度趋缓。在此背景下，CPI、不变价 GDP、资产利率对货币需求量的影响均减小。

四、与 TAR 模型下的货币需求函数的比较

为了进一步说明模型的合理性，本书将上述 STR 模型与普通线性回归模型、两断点 TAR 模型拟合结果进行比较。

门限回归（TAR）模型同样是一种结构变化模型，通过门限值（阀值）表示序列的结构变化，或称为“区制变化”。

假设样本数据为$\{y_i, x_i, q_i\}$，其中，q_i 为用来划分样本的“门限变量”，可以使解释变量重的一个。以一个门限值为例，门限回归模型的形式为（陈强，2014）：

$$\begin{cases} y_i = \beta_1' x_i + \varepsilon_i, \ q_i \leq r \\ y_i = \beta_2' x_i + \varepsilon_i, \ q_i > r \end{cases} \tag{6-21}$$

其中，r 为门限值。可以将式（6-21）合并写成如下形式：

$$y_i = \beta_1' x_i \cdot I(q_i \leq r) + \beta_2' x_i \cdot I(q_i > r) + \varepsilon_i \tag{6-22}$$

其中，$I(\cdot)$ 为示性函数，如果括号内的表达式为真，则取值为 1；反之，取值为 0。

TAR 模型是非线性模型，可以用非线性最小二乘法进行参数估计，即最小化残差平方和。事实上，如果 r 取值已知，则参数的估计就转换为线性模型参数估计。令 $z_{i1} = x_i I(q_i \leq r)$；$z_{i2} = x_i I(q_i > r)$，则式（6-22）可以转换为线性回归模型为：

$$y_i = \beta_1' z_{i1} + \beta_2' z_{i2} + \varepsilon_i \tag{6-23}$$

因此，在实际参数估计时，常分两步来达到残差平方和最小。

首先，给定 r 的取值，对式（6－23）使用 OLS 估计 β_1，β_2，并计算残差平方和 SSR；其次，选择 r 使得 SSR 最小。一般来讲，r 通过 q_i 的一定范围内取值确定，即 $r \in \{q_1, q_2, \cdots, q_n\}$。

就 TAR 模型与 STR 模型的关系来看，前者是后者的特例形式，以两变量一个结构断点的模型来看，其形式为：

$$y_t = \alpha + \beta t + \delta_1 x_t G(\cdot) \tag{6-24}$$

其中：$G(\cdot) = \dfrac{1}{1 + \exp(-r(s_t - c))}$

当 $s_t > c$ 时，转化函数 $G(\cdot)$ 从 0 转化为 1，在位置 c 的前后，模型的参数是不同的；而当转化速度很大时，从一个机制向另一个机制的转换速度很快，呈现跳跃式图形，STR 模型就呈现 TAR 模型特征，见图 3－1，在 r＝10 时，模拟数据图形已显示 TAR 模型特征。因此，TAR 模型可以看作是 STR 模型的特殊形式。

对于前文的样本数据，本书基于两断点 TAR 模型回归，结果如表 6－10，并且用普通线性回归模型进行拟合，结果如表 6－11 所示：

表 6－10　　TAR 模型估计结果

	估计值	标准差	t 值	p 值	显著性
(Intercept)	9.114e+02	1.107e+03	0.823	0.41764	
t	-6.691e+01	8.059e+01	-0.830	0.41367	
x_1	7.583e+01	6.888e+01	1.101	0.28064	
x_2	6.060e-01	4.752e-02	12.752	6.10e-13	***
x_3	-4.175e+02	1.769e+02	-2.360	0.02573	*
I ($I1 * x_1$)	9.228e+03	2.939e+03	3.140	0.00407	**
I ($I1 * x_2$)	7.450e-01	1.168e-01	6.379	7.85e-07	***
I ($I1 * x_3$)	-5.393e+04	8.828e+03	-6.108	1.59e-06	***
I ($I2 * x_1$)	-1.434e+03	2.817e+02	-5.091	2.38e-05	***
I ($I2 * x_2$)	-2.472e-01	5.245e-02	-4.714	6.58e-05	***
I ($I2 * x_3$)	8.948e+03	1.486e+03	6.020	2.01e-06	***

表 6－11　　普通线性回归估计结果

	估计值	标准差	t 值	p 值	显著性
(Intercept)	705.4628	2059.4302	0.343	0.7341	
t	－165.5868	97.2578	－1.703	0.0981	—
x_1	30.9240	126.2912	0.245	0.8081	
x_2	0.6608	0.0277	23.853	<2e－16	***
x_3	－300.9141	315.0608	0.955	0.3465	

注：显著性水平符号含义为：*** 表示 0.001，** 表示 0.01，* 表示 0.05，—表示 0.1。

其中，TAR 模型的 CPI、GDP 不变价和资产利率对因变量$\frac{M^d}{P}$的非线性影响模型拟合结果如下：

$$
\begin{aligned}
y_t = & 911.4 - 66.91t + 75.83ex_{1t} + 0.6060x_{2t} - 417.5x_{3t} + \\
& (9228x_{1t} + 0.7450x_{2t} - 53930x_{3t})g_1(\cdot) + \\
& (-1.434x_{1t} - 0.2472x_{2t} + 8948x_{3t})g_2(\cdot)
\end{aligned}
$$

$$
\text{其中} g_1(x_{2t}) = \begin{cases} 1, x_2 > 60387.93 \\ 0, x_2 \leqslant 60387.93 \end{cases}
$$

$$
g_2(x_{2t}) = \begin{cases} 1, x_2 > 110340.8 \\ 0, x_2 \leqslant 110340.8 \end{cases} \tag{6-25}
$$

从三模型的系数的显著性来看，STR 与 TAR 模型的系数都较显著，更加证实了 GDP 对$\frac{M^d}{P}$的影响是非线性的，即在 x_2 断点（对应时间分别为2007—2008 年、2014—2015 年）前后实际货币需求量的变化规律有所改变；而普通线性模型相比于上述两模型的系数显著性表现较差。从识别出的断点位置来看，TAR 模型的断点分别为 th1 = 60387.93（对应 2007—2008 年），th2 = 110340.8（对应 2014—2015 年）；STR 模型的断点分别为 th1 = 59771.22（对应 2007—2008 年），th2 = 109107.04（对应 2014—2015 年），两个模型结果呈现一致。从模型整体的拟合效果来看，如表 6－12 所示，三种模型的拟合优度R^2均大于 0.99，普通线性回归模型拟合优度最小。

表 6-12　　三模型R^2比较

模型	普通线性回归	TAR	STR
R^2	0.9901	0.9974	0.9974

从表 6-9 和表 6-10 结果显示，趋势结构断点序列协整模型和门限回归模型比较，系数估计值相同，而且式（6-19）现实的转换速度很大（$r=100$），当搜索的值上限增大时，r 估计值继续增大。所以，可以认为本例中，基于 STR 的趋势结构断点序列表示的结构转化速度很大，一定程度上，可以认为是跳跃式的，已经呈现 TAR 模型形式。

第四节　小　　结

本章就多变量趋势结构断点序列的协整问题展开研究，首先，提出了多变量一个结构断点的协整模型、线性检验统计量，检验了统计量的有限样本性质；其次，提出了多变量两个结构断点的协整模型、线性检验统计量，检验了统计量的有限样本性质，利用线性检验统计量自由度设置解决了结构断点个数识别问题；最后，将理论与方法应用于我国货币需求函数的趋势结构断点实证研究中。本章研究结论如下：

第一，在一个转换函数下，线性检验统计量F_{31}具有良好的有限样本性质，检验功效在 0.92 以上，随样本容量的增大而增大；5% 显著性水平下，统计量F_{31}的势值在 0.05 左右，具有合理的统计分布特征。

第二，在两个结构断点的线性检验中，提出检验统计量F_{32}，在其自由度上体现第二个结构断点特征。结果显示，统计量F_{32}具有良好的有限样本性质，功效值为 1；5% 显著性水平下，统计量F_{32}的势值在 0.05 左右，具有合理的统计分布特征。

第三，以 CPI 不变价、GDP、资产利率与实际货币需求考察协整关系，结果显示，四个变量均存在有结构断点的单位根，且存在趋势结构断点的协整关系，在 2007—2008 年和 2014—2015 年存在两个结构断点。

第七章　平稳趋势结构断点序列回归理论与方法

第一节　平稳趋势结构断点序列模型及数理特征

一、单变量平稳趋势结构断点序列模型形式

前文的研究均是基于趋势结构断点序列的单位根条件下的协整检验问题，本章研究平稳的趋势结构断点序列的回归问题。单变量平稳趋势结构断点序列的模型形式为：

$$y_t = \rho y_{t-1} + \beta_0 + \beta_1 t + \alpha_{11} y_{t-1} G_1(\cdot) + \cdots + \alpha_{m1} y_{t-1} G_m(\cdot) + \varepsilon_t \qquad (7-1)$$

其中，$|\rho|<1$，$\beta_0+\beta_1 t$ 表示序列的线性趋势，转换函数 $G(\cdot)$ 表示序列的结构变化特征，转换变量为时间趋势项 t，c_i 为结构断点，而且 $c_1<c_2<\cdots<c_m$，转换函数 $G(\cdot)$ 表达式为：

$$G_i(t;\gamma_i,c_i) = (1+\exp\{-\gamma_i(t-c_i)\})^{-1}, i=1,2,\cdots,m \qquad (7-2)$$

为了更直观地说明有结构断点趋势序列的特征，根据模型（7－1）和模型（7－2）模拟生成了两个序列，分别记为 DGPⅠ（图 7－1）和 DGPⅡ（图 7－2），其随机扰动项均为 $\varepsilon_t \sim iidN(0,1)$。图 7－1 中，DGPⅠ序列变化中有一个结构断点（$c_1=13$），且断点前后均有趋势性；图 7－2 中，DGPⅡ序列有两个结构断点（$c_1=13$，$c_2=25$），且断点前后趋势不相同。两个数据都是在趋势性中包含结构断点，之前对于这样的序列，进行单位根检验时，通常认为是有趋势的单位根序列，但是，考虑了结构断点后，其可能会属于

趋势平稳序列。

$$y_t = 0.6y_{t-1} + 3.5 + 0.03t - 0.2y_{t-1} \times \{1 + \exp(-10 \times (t-13))\}^{-1} + \varepsilon_t \tag{7-3}$$

$$y_t = 0.7y_{t-1} + 3.5 + 0.6t - 0.4y_{t-1} \times \{1 + \exp(-10 \times (t-13))\}^{-1} - 0.6y_{t-1} \times \{1 + \exp(-10 \times (t-25))\}^{-1} + \varepsilon_t \tag{7-4}$$

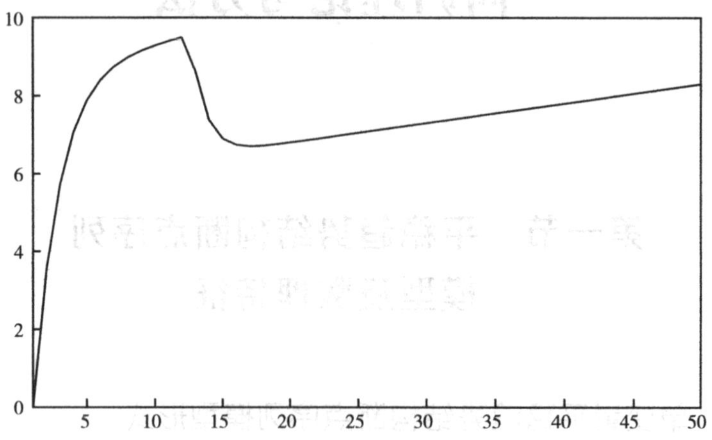

图 7-1 单结构断点趋势模型数据生成图（DGP Ⅰ）

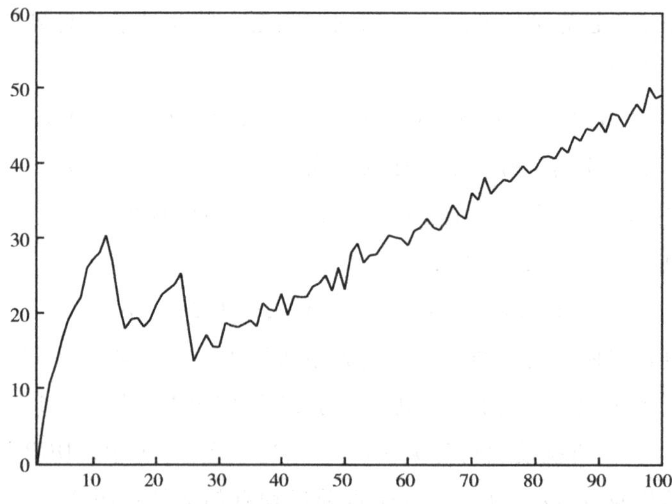

图 7-2 多结构断点趋势模型数据生成图（DGP Ⅱ）

二、平稳趋势结构断点序列的数理特征

平稳趋势结构断点序列与单位根趋势结构断点序列的区别主要体现在生成过程中随机扰动项的作用中，进而显示两个序列的本质差别。以一个结构断点为例，平稳趋势结构断点序列的生成过程为：

$$
\begin{aligned}
y_t &= \rho y_{t-1} + \beta_0 + \beta_1 t + \alpha_{11} y_{t-1} G_1(\cdot) + \varepsilon_t \\
&= \rho(\rho y_{t-2} + \beta_0 + \beta_1(t-1) + \alpha_{11} y_{t-2} G_1(\cdot) + \varepsilon_{t-1}) + \beta_0 + \beta_1 t \\
&\quad + \alpha_{11} y_{t-1} G_1(\cdot) + \varepsilon_t \\
&= \cdots
\end{aligned}
$$

继续展开，可以发现会出现 $\sum \rho^k \varepsilon_{t-k}$ 的合计项。当 $\rho < 1$ 时，以前进入系统的随机因素对当前序列值的影响会逐渐减弱而忽略，随着 k 的增大，因为 $\rho < 1$，而 ε_{t-1} 是均值为 0 的随机因素，$\rho^k \varepsilon_{t-k}$ 的值越来越小，故 $\sum \rho^k \varepsilon_{t-k}$ 可忽略，对当期序列值有影响的仅是同期的 ε_t。在单位根条件下，即 $\rho = 1$ 时，$\sum \rho^k \varepsilon_{t-k}$ 变成 $\sum \varepsilon_{t-k}$，表示随机因素进入系统后，一旦产生就不会消失，会持续对后续序列值产生影响，因而显示出单位根过程的特征。

第二节　两变量平稳趋势结构断点序列回归模型与检验

一、一个结构断点序列回归模型及检验

（一）一个结构断点的回归方程

在考虑平稳的趋势结构断点情况下，本书提出的两变量一个结构断点的方程：

$$y_t = \mu + \beta t + \alpha x_t + \delta x_t G(\cdot) + \varepsilon_t \tag{7-5}$$

$$G_i(x_t; \gamma, c_i) = (1 + \exp\{-\gamma(x_t - c)\})^{-1} \tag{7-6}$$

$$x_t = \mu_1 + \beta_1 t + \rho x_{t-1} + \alpha_1 x_{t-1} g(\cdot) + \varepsilon_t \tag{7-7}$$

其中，$|\rho|<1$。式（7－5）中，认为 x_t 与 y_t 存在线性关系，也存在非线性关系；非线性关系体现在 $x_tG(\cdot)$ 中，同时 y_t 的结构转换是由 x_t 引起的，即转换函数的转换变量是 x_t。在当 $x_t<c$ 时，$G(\cdot)\to 0$，x_t 对 y_t 的影响是 α；当 $x_t>c$ 时，$G(\cdot)\to 1$，x_t 对 y_t 的影响是 $\alpha+\delta$。

（二）趋势平稳结构断点序列模型的线性检验

在平稳序列的回归方程中，模型是否需要非线性部分，采取基于剩余平方和的 F_{41} 统计量，因为序列是趋势平稳序列，所以，F_{41} 统计量服从标准的 F 分布。$G(\cdot)$ 函数中存在参数不可识别的问题，故采用 $G(\cdot)$ 的三阶泰勒展式进行，即：

$$y_t=\mu+\beta t+\alpha x_t+\delta_{12}x_t^2+\delta_{13}x_t^3+\delta_{14}x_t^4+\varepsilon_t \tag{7-8}$$

提出假设为：

$H_0:\delta_{12}=\delta_{13}=\delta_{14}=0;H_1:\delta_{12},\delta_{13},\delta_{14}$至少有不为零的。

提出检验统计量为：

$$F_{41}=\frac{(SSR_0-SSR_1)/3}{SSR_1/(N-6)}\sim F(3,N-6) \tag{7-9}$$

其中，SSR_0 表示线性模型的剩余平方和，SSR_1 表示模型（7－8）的剩余平方和。

二、检验统计量有限样本性质检验

为检测统计量 F_{41} 是否能够有效识别出序列的结构断点，需要对其有效性（power）和势（size）进行检验。

（一）功效检验

功效（power）是在备择假设成立的条件下。

第一步，生成 $\{x_t\}$ 序列，令：

$$x_t=0.1+0.2t+0.4\,x_{t-1}-0.2\,x_{t-1}G(\cdot) \tag{7-10}$$

其中，$G(\cdot)$ 中的 $r=1.3$，$c=2.5$。

第二步，根据模型（7－5）、按照表 7－1 的参数生成 $\{y_t\}$ 序列。用 $\{y_t\}$ 先拟合线性模型，然后用 $\{y_t\}$ 与转换函数的三阶泰勒展开拟合模型，即式（7-8），利用两个模型的剩余平方和得到 F_{41} 统计量值，试验次数为10000次，检验结果见表7-1。

表7-1　　统计量 F_{41} 的 power 检验结果

样本容量	power	
	数据生成	拒绝概率
50	$\mu=0.1$，$\beta=0.2$， $\alpha=0.1$，$\delta=-0.2$， $\gamma=0.8$，$c=11$	0.531
100	$\mu=0.3$，$\beta=0.5$， $\alpha=-0.2$，$\delta=0.2$， $\gamma=0.7$，$c=7.9$	0.938
150	$\mu=0.1$，$\beta=0.7$， $\alpha=0.1$，$\delta=-0.2$， $\gamma=0.5$，$c=15$	1
200	$\mu=0.1$，$\beta=0.2$， $\alpha=0.3$，$\delta=-0.1$， $\gamma=0.7$，$c=17$	1

从表7-1可见，F_{41} 统计量在样本容量为50时，功效较低，F_{41} 统计量的功效随样本容量的增大而表现优良。

（二）势值检验

势值是在原假设条件下进行的检验。根据模型（7-5）、按照表7-2的参数生成 $\{y_t\}$ 序列。用 $\{y_t\}$ 先拟合线性模型，然后用 $\{y_t\}$ 与转换函数的三阶泰勒展开拟合模型，即式（7-8），利用两个模型的剩余平方和得到 F_{41} 统计量值，试验次数为10000次，检验结果见表7-2。从表7-2可见，5%显著性水平下，F_{41} 统计量拒绝概率基本在0.05左右，显示合理的概率分布特征。

表 7－2　　统计量 F_{41} 的 size 检验结果

样本容量	size（5%显著性水平）	
	数据生成	拒绝概率
50	$\mu=0.1$，$\beta=0.2$，$\alpha=0.1$	0.0516
100	$\mu=0.3$，$\beta=0.5$，$\alpha=-0.2$	0.0539
150	$\mu=0.1$，$\beta=0.7$，$\alpha=0.1$	0.0505
200	$\mu=0.1$，$\beta=0.2$，$\alpha=0.3$	0.0491

三、模型回归结果检验统计量

由于是平稳趋势结构断点序列回归模型，所以，同一般的平稳序列回归模型一样，模型的检验可以针对残差序列进行，需要满足零均值、等方差、独立性条件。为此，从表 7－1 模拟序列中，每个样本容量下各随机抽取 5 个序列，检测残差情况，括号内为统计量的 p 值，结果如表 7－3 所示。

表 7－3　　残差检验结果表

样本容量	数据生成		残差		
			均值	异方差	独立性
50	$\mu=0.1$，$\beta=0.2$，$\alpha=0.1$，$\delta=-0.2$，$\gamma_1=0.8$，$c=11$	①	0	0.453 (0.716)	2.395 (0.122)
		②	0	0.132 (0.940)	0.184 (0.668)
		③	0	0.930 (0.339)	0.016 (0.897)
		④	0	0.856 (0.359)	0.939 (0.332)
		⑤	0	1.053 (0.310)	0.015 (0.902)

续表

样本容量	数据生成		残差		
			均值	异方差	独立性
100	$\mu=0.3$，$\beta=0.5$，$\alpha=-0.2$，$\delta=0.2$，$\gamma_1=0.7$，$c=7.9$	①	0	2.258 (0.136)	0.628 (0.428)
		②	0	0.571 (0.451)	2.129 (0.144)
		③	0	1.040 (0.310)	0.078 (0.779)
		④	0	1.993 (0.160)	2.669 (0.102)
		⑤	0	0.026 (0.871)	0.818 (0.366)
150	$\mu=0.1$，$\beta=0.7$，$\alpha=0.1$，$\delta=-0.2$，$\gamma_1=0.5$，$c=15$	①	0	1.623 (0.206)	0.085 (0.770)
		②	0	0.024 (0.875)	0.957 (0.328)
		③	0	0.283 (0.615)	0.089 (0.765)
		④	0	0.077 (0.780)	0.676 (0.411)
		⑤	0	0.731 (0.394)	1.213 (0.271)
200	$\mu=0.4$，$\beta=0.2$，$\alpha=0.3$，$\delta=-0.1$，$\gamma_1=0.7$，$c=17$	①	0	0.073 (0.786)	0.541 (0.462)
		②	0	0.405 (0.525)	0.158 (0.690)
		③	0	0 (0.997)	0.054 (0.815)
		④	0	0.995 (0.321)	1.195 (0.274)
		⑤	0	0.051 (0.821)	0 (0.997)

表 7－3 检验结果显示，平稳趋势结构断点序列拟合模型后，残差均满足零均值、等方差、独立的条件，可以像一般平稳序列回归模型一样，对拟合结果的残差序列进行检验，判断模型拟合结果优劣。

四、两个结构断点的线性检验

在考虑了两变量、一个结构断点回归模型情况下，继续考察两变量、两个结构断点的情况。

（一）两个结构断点的回归方程

在考虑平稳的趋势结构断点情况下，本书提出的两变量两个结构断点的方程为：

$$y_t = \mu + \beta t + \alpha x_t + \delta_1 x_t G_1(\cdot) + \delta_2 x_t G_2(\cdot) + \varepsilon_t \tag{7-11}$$

$$G_i(x_t;\gamma_i,c_i) = \{1 + \exp[-\gamma_i(x_t - c_i)]\}^{-1}, i = 1,2;\ c_1 < c_2 \tag{7-12}$$

方程（7－11）显示，两变量、两个结构断点协整关系随结构断点 c 的变化而变化，体现了协整关系的结构变动特征。当 $x_t < c_1$ 时，$G_1(\cdot)\to 0$，$G_2(\cdot)\to 0$，x_t 对 y_t 的影响是 α；当 $c_1 < x_t < c_2$ 时，$G_1(\cdot)\to 1$，$G_2(\cdot)\to 0$，x_t 对 y_t 的影响是 $\alpha + \delta_1$；当 $x_t > c_2$ 时，$G_1(\cdot)\to 1$，$G_2(\cdot)\to 1$，x_t 对 y_t 的影响是 $\alpha + \delta_1 + \delta_2$。

（二）线性检验统计量及其有限样本性质检验

第二个结构断点是在第一个结构断点存在的条件下给出的，所以，提出的假设为：

$H_0:\delta_2 = 0/\delta_1 \neq 0;H_1:\delta_2 \neq 0/\delta_1 \neq 0$

本书按照前文单位根趋势结构断点序列协整模型线性检验的思路，第二个结构断点和第一个结构断点线性检验统计量，在自由度上有所区别，服从标准的 F 分布进行分析。然而，在有限样本性质检验中，功效（power）的检验效果很好，而势值（size）的检验效果很差。分析原因在于，检验统计量的值偏小，而标准 F 分布的临界值偏大，所得到的 size 值很小，远远低于 0.05 的显著性水平，说明两个结构断点的检验中，检验统计量的分布与标准 F 分布的差异较大。因为基于平稳趋势结构断点序列协整模型检验中，一个结构断点的线性检验的F统计量服从标准F分布，而且统计量的有限样本性质优良，所以，在一个结构断点存在的情况下，检验是否存在两个及以上的结构断点中，使用信息准则方法较为合适。

趋势平稳结构断点序列的回归方程中，模型是否需要非线性部分，采取基于剩余平方和的F统计量，式（7－11）的三阶泰勒展式为式（7－13），两个转换函数的三阶泰勒展开的变量进行了合并。

$$y_t=\mu+\beta t+\alpha x_t+\delta_{12}x_t^2+\delta_{13}x_t^3+\delta_{14}x_t^4+\varepsilon_t \tag{7-13}$$

提出假设为：

H_0：$\delta_{11}=\delta_{12}=\delta_{13}=0$；$H_1$：$\delta_{11}$，$\delta_{12}$，$\delta_{13}$至少有不为零的

提出检验统计量为：

$$F_{42}=\frac{(SSR_0-SSR_1)/6}{SSR_1/(N-9)}\sim F(6,N-9) \tag{7-14}$$

其中，SSR_0表示线性模型的剩余平方和，SSR_1表示模型（7－14）的剩余平方和。

介于前文提到的问题，本书仅给出统计量F_{42}的功效检验，并给出了信息准则识别结构断点个数的情况。具体步骤如下：

第一步，生成$\{x_t\}$序列，令：

$$x_t=0.1+0.2t+0.3x_{t-1}-0.2x_{t-1}G(\cdot) \tag{7-15}$$

其中，$G(\cdot)$中的$r=1.3$，$c=7.5$。

第二步，根据模型（7－11）、按照表7－4的参数生成$\{y_t\}$序列，$\mu=0.3$，$\beta=0.1$。用$\{y_t\}$先拟合线性模型，然后用$\{y_t\}$与转换函数的三阶泰勒展开拟合模型，即式（7－13），利用两个模型的剩余平方和得到F_{42}统计量值，试验次数为10000次，检验结果见表7－4。

表7－4　统计量F_{42}的power检验结果

样本容量	power		信息准则函数（AIC）			
	数据生成	拒绝概率	一个断点		两个断点	
			AIC	SC	AIC	SC
50	$\alpha=0.2$，$\delta_1=-0.1$，$\delta_2=0.3$， $\gamma_1=1.7$，$c_1=2.5$ $\gamma_1=1.3$，$c_2=6.6$	0.419	2.935	3.167	2.818	2.934

续表

样本容量	power		信息准则函数（AIC）			
	数据生成	拒绝概率	一个断点		两个断点	
			AIC	SC	AIC	SC
100	$\alpha=0.5$，$\delta_1=-0.7$，$\delta_2=-0.3$， $\gamma_1=1.3$，$c_1=3.8$ $\gamma_1=1.7$，$c_2=6.9$	1	2.997	3.154	3.026	3.104
150	$\alpha=0.4$，$\delta_1=0.3$，$\delta_2=-0.5$， $\gamma_1=0.5$，$c_1=2.3$ $\gamma_1=1.2$，$c_2=6.3$	1	2.882	3.003	2.962	3.023
200	$\alpha=0.7$，$\delta_1=-0.2$，$\delta_2=0.3$， $\gamma_1=1.1$，$c_1=2.8$ $\gamma_1=0.9$，$c_2=7.3$	0.99	2.878	2.978	2.905	2.954

表7-4显示，当样本容量较小时，功效值效果不佳，随着样本容量的增大，能准确识别出序列存在两个结构断点情况。为进一步说明，在一个结构断点存在情况下，第二个结构断点检测能否用信息准则函数予以识别，我们在每个样本容量下随机模拟产生1000个序列，计算AIC值、SC值在一个结构断点和两个结构断点的均值，考察在二个结构断点时，准则函数的值是否减少，检验结果见表7-4。从表7-4中可以看出，AIC值仅在样本容量为50时，第二个结构断点的值比第一个小，其余的样本容量下，第二个的AIC值都比一个结构断点的值大，不适合用于检测结构断点个数；SC值的识别效果要好得多，只有容量为150时，第二个结构断点的SC值比第一个的略大，其余样本容量下，都比第一个小。所以，利用SC值检测平稳趋势结构断点序列回归模型中的结构断点个数更稳定。

为进一步说明F_{42}统计量的性质，我们绘制样本容量为50的F_{42}概率密度函数图，见图7-3。图7-3显示，样本容量50的F_{42}概率密度函数图与相同自由度下标准的F分布的概率密度焓湿图有显著性差异，呈现尖峰、拖尾态势。统计量的功效检验中，样本容量为50的条件下，功效值只有0.419。这是因为，在5%显著性水平下，标准的F(6,41)的临界值为2.34，而模拟的样本容量50条件下的F_{42}的统计量值只有0.419，意味着大部分的统计量值都比0.419小，在尖峰周围分布较多。这就是实际分布与检验分布的差异导致的，也就是说，实际的 F_{42} 统计不服从标准的 F 分布，而我们用标准的 F 分布临界值对其进行检验，功效检验结果差是自然的。

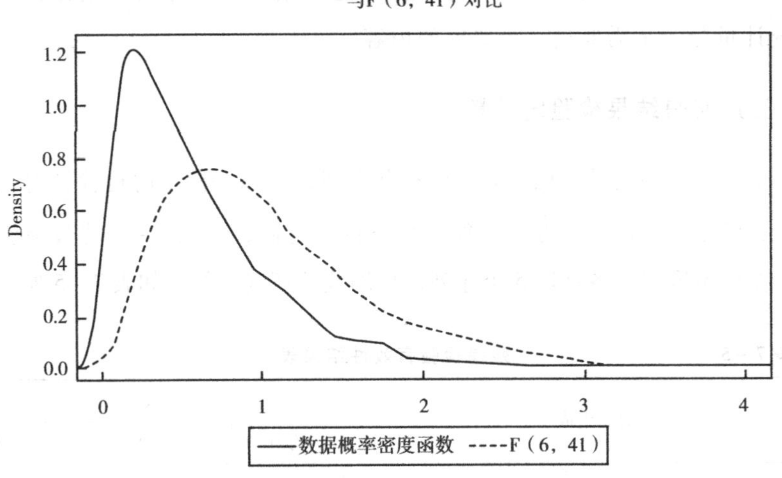

图 7－3　样本容量 50 的 F_{42} 概率密度函数图

为了说明两个结构断点对 size 检验结果的影响，我们绘制样本容量为 100 的 F_{42} 概率密度函数图，见图 7－4，呈现尖峰拖尾态势，因为尖峰特征，落在一定值后数据较多，呈现拖尾态势。因为 size 检测的是落在 5% 显著性水平的统计量值的情况，自由度为（6,91）的 F 统计量值为 2.17，由于实际 F_{42} 统计量值在 2.17 后数据个数较多，模拟值比临界值小得多的远远超过

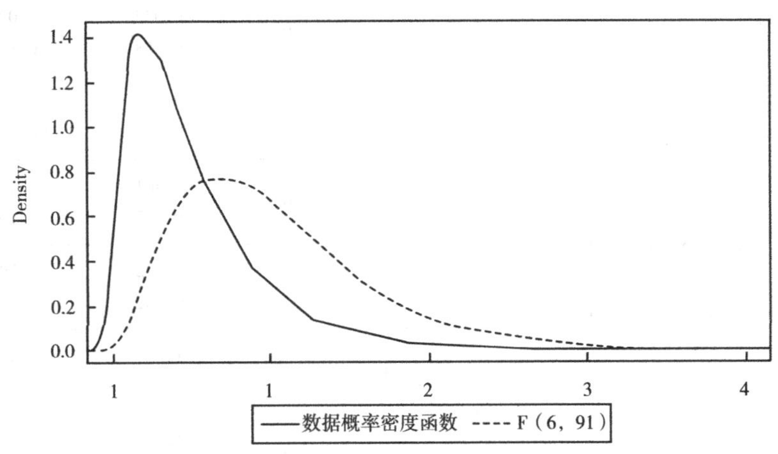

图 7－4　样本容量 100 的 F_{42} 概率密度函数图

5%，导致 size 检测结果偏误较大。再次说明，实际的 F_{42}统计量的概率分布与标准的 F 分布差异明显，用标准的 F 分布临界值检测 F_{42}统计量的势值，偏误是自然存在的。因此，探究平稳条件下趋势结构断点序列协整方程的线性检验统计量分布是需要进一步研究的内容。

（三）回归结果检验统计量

因为 $\{x_t\}$ 序列是平稳趋势结构断点序列，所以，模型的检验针对残差序列进行，满足零均值、等方差、独立性条件。为此，从表 7－3 功效检验序列中，每个样本容量下各抽取 5 个序列，检测残差情况，结果如表 7－5 所示。

表 7－5　残差检验有效性结果表

样本容量	数据生成		残差		
			均值	异方差	独立性
50	$\alpha=0.2$，$\delta_1=-0.1$，$\delta_2=0.3$，$\gamma_1=1.7$，$c_1=2.5$，$\gamma_1=1.3$，$c_2=6.6$	①	0	0.637 (0.428)	0.987 (0.323)
		②	0	0.046 (0.830)	0.917 (0.338)
		③	0	1.804 (0.185)	0.065 (0.799)
		④	0	0.168 (0.183)	2.231 (0.135)
		⑤	0	0.032 (0.858)	0.026 (0.872)
100	$\alpha=0.5$，$\delta_1=-0.7$，$\delta_2=-0.3$，$\gamma_1=1.3$，$c_1=3.8$，$\gamma_1=1.7$，$c_2=6.9$	①	0	2.519 (0.115)	0.417 (0.518)
		②	0	0.401 (0.527)	1.017 (0.301)
		③	0	0.272 (0.602)	1.290 (0.256)
		④	0	1.846 (0.177)	0.227 (0.634)
		⑤	0	1.818 (0.180)	0.197 (0.656)

续表

样本容量	数据生成		残差		
			均值	异方差	独立性
150	$\alpha=0.4$，$\delta_1=0.3$，$\delta_2=-0.5$，$\gamma_1=0.5$，$c_1=2.3$，$\gamma_1=1.2$，$c_2=6.3$	①	0	0.003 (0.950)	0 (0.979)
		②	0	0.257 (0.613)	0.384 (0.535)
		③	0	2.486 (0.118)	1.057 (0.304)
		④	0	3.976 (0.049)	0.236 (0.627)
		⑤	0	0.123 (0.726)	0.239 (0.625)
200	$\alpha=0.7$，$\delta_1=-0.2$，$\delta_2=0.3$，$\gamma_1=1.1$，$c_1=2.8$，$\gamma_1=0.9$，$c_2=7.3$	①	0	0.647 (0.423)	0.003 (0.954)
		②	0	0.344 (0.558)	0.364 (0.546)
		③	0	3.335 (0.07)	0.081 (0.775)
		④	0	0.100 (0.751)	0.660 (0.417)
		⑤	0	0.468 (0.495)	0.295 (0.587)

表 7－5 的结果显示，残差序列均满足零均值、等方差、独立的条件，再次证明可以用残差的检验结果考察模型拟合结果的统计性质。

第三节 多变量平稳趋势结构断点序列回归模型与检验

一、一个结构断点序列回归模型及检验

（一）一个结构断点的回归方程

在考虑平稳的趋势结构断点情况下，本书提出的多变量一个结构断点的方程：

$$y_t=\mu+\beta t+\alpha_{11}x_{1t}+\alpha_{12}x_{2t}+(\delta_{11}x_{1t}+\delta_{12}x_{2t})G(\cdot)+\varepsilon_t \tag{7-16}$$

$$G(x_t;\gamma,c)=\{1+\exp[-\gamma(x_t-c)]\}^{-1} \tag{7-17}$$

$$x_{it}=\mu_i+\beta_i t+\rho_i x_{it-1}+\alpha_i x_{it-1}g_i(\cdot)+\varepsilon_{it} \tag{7-18}$$

其中，$\rho_i<1$，$i=1$，2。

在式（7-16）中，我们认为 x_{1t}，x_{2t}与 y_t 存在线性关系，也存在非线性关系；非线性关系体现在 $(\delta_{11}x_{1t}+\delta_{12}x_{2t})G(\cdot)$ 中，同时 y_t 的结构转换是由 x_{1t}引起的，即转换函数的转换变量是 x_{1t}。

（二）模型的线性检验统计量

在平稳序列的回归方程中，模型是否需要非线性部分，采取基于剩余平方和的 F 统计量。因为 $G(\cdot)$ 函数中存在参数不可识别的问题，所以采用 $G(\cdot)$ 的三阶泰勒展开式进行，即：

$$y_t=\mu+\beta t+\alpha'_{11}x_{1t}+\alpha'_{12}x_{2t}+(\delta'_{11}x_{1t}+\delta'_{12}x_{2t})x_{1t}+(\delta'_{21}x_{1t}+\delta'_{22}x_{2t})x_t^2+(\delta'_{31}x_{1t}+\delta'_{32}x_{2t})x_t^3+\varepsilon_t \tag{7-19}$$

提出假设为：

$H_0:\delta'_{i1}=\delta'_{i2}=0;H_1:\delta'_{i1},\delta'_{i2}$至少有不为零的，$i=1,2,3$。

提出检验统计量为 F_{43}，即：

$$F_{43}=\frac{(SSR_0-SSR_1)/6}{SSR_1/(N-10)}\sim F(6,N-10) \tag{7-20}$$

其中，SSR_0 表示线性模型的剩余平方和，SSR_1 表示模型（7-19）的剩余平方和。

（三）检验统计量有限样本性质检验

为检测 F_{43}统计量能否有效识别出序列的结构断点，需要对其有效性和势进行检验。

1. 功效检验。

功效检验是在原假设成立的条件下进行的，具体步骤如下：

第一步，生成 $\{x_{1t}\}$、$\{x_{2t}\}$ 序列，令：

$x_{1t}=1.1+0.2t+0.6x_{t-1}-0.4x_{t-1}G(\cdot)$，其中，$G(\cdot)$ 中的 $r=2,c=7$。

$x_{2t}=1.1+0.2t+0.7x_{t-1}-0.3x_{t-1}G(\cdot)$，其中，$G(\cdot)$ 中的 $r=3$，$c=11$。

第二步，根据模型（7－16）、按照表7－6的参数生成 $\{y_t\}$ 序列。用 $\{y_t\}$ 先拟合线性模型，然后用 $\{y_t\}$ 与转换函数的三阶泰勒展开拟合模型，即式（7－19），利用两个模型的剩余平方和得到 F_{43} 统计量值，试验次数为10000次，检验结果见表7－6。

表7－6 统计量 F_{43} 的 power 检验结果

样本容量	power	
	数据生成	拒绝概率
50	$\mu=3.3$，$\beta=0.5$， $\alpha_{11}=1.5$，$\alpha_{12}=1.3$， $\alpha_{21}=0.5$，$\alpha_{22}=0.6$， $\gamma_1=1.3$，$c=4.5$	0.60
100	$\mu=3.1$，$\beta=0.5$， $\alpha_{11}=1.3$，$\alpha_{12}=1.1$， $\alpha_{21}=0.5$，$\alpha_{22}=0.6$， $\gamma_1=1.5$，$c=6$	1
150	$\mu=0.7$，$\beta=0.1$， $\alpha_{11}=0.8$，$\alpha_{12}=0.3$， $\alpha_{21}=-0.3$，$\alpha_{22}=-0.5$， $\gamma_1=1.5$，$c=17$	1
200	$\mu=1.8$，$\beta=0.2$， $\alpha_{11}=-1.1$，$\alpha_{12}=-0.9$， $\alpha_{21}=0.3$，$\alpha_{22}=0.5$， $\gamma_1=1.3$，$c=25$	0.998

表7－6的检验结果显示，F_{43} 统计量的功效在样本容量为50时偏低，而随样本容量的增大，功效增大，表现优良。

2. 势值检验。

势值是在原假设条件下进行的检验。根据模型（7－16）、按照表7－7的参数生成 $\{y_t\}$ 序列。用 $\{y_t\}$ 先拟合线性模型，然后用 $\{y_t\}$ 与转换函数的三阶泰勒展开拟合模型，即式（7－19），利用两个模型的剩余平方和得到 F_{43} 统计量值，试验次数为10000次，检验结果见表7－7。

表 7－7　　　　统计量 F_{43}的 size 检验

样本容量	size（5%显著性水平）	
	数据生成	拒绝概率
50	$\mu=0.8$，$\beta=0.2$，$\alpha=0.3$	0.061
100	$\mu=0.3$，$\beta=0.5$，$\alpha=0.2$	0.063
150	$\mu=0.1$，$\beta=0.7$，$\alpha=0.1$	0.053
200	$\mu=0.4$，$\beta=0.2$，$\alpha=0.6$	0.060

从表 7－7 可见，5%显著性水平下，F_{43}统计量拒绝概率基本在 0.05 左右，显示合理的概率分布特征。

（四）回归结果检验统计量

因为 $\{x_t\}$ 序列是平稳趋势结构断点序列，所以，模型的检验针对残差序列进行，满足零均值、等方差、独立性条件。因两变量一个结构断点、两个结构断点的模型残差模拟检验结果良好，这里就不再赘述。

二、两个结构断点的线性检验

在考虑了两变量、一个结构断点回归模型情况下，本书继续考察多变量、两个结构断点的情况。

（一）两个结构断点的回归方程

$$y_t=\mu+\beta t+\alpha_{11}x_{1t}+\alpha_{12}x_{2t}+(\delta_{11}x_{1t}+\delta_{12}x_{2t})G_1(\cdot)+(\delta_{21}x_{1t}+\delta_{22}x_{2t})G_2(\cdot)\varepsilon_t \tag{7-21}$$

$$G_i(x_t;\gamma,c_i)=\{1+\exp[-\gamma_i(x_{1t}-c_i)]\}^{-1},i=1,2 \tag{7-22}$$

$$x_{it}=\mu_i+\beta_i t+\rho_i x_{it-1}+\alpha_i x_{it-1}g_i(\cdot)+\varepsilon_{it} \tag{7-23}$$

其中，$\rho_i<1$，$i=1$，2。

在式（7－21）中，我们认为 x_{1t}，x_{2t}与 y_t 存在线性关系，也存在非线性关系；非线性关系体现在（$\delta_{11}x_{1t}+\delta_{12}x_{2t}$）$G(\cdot)$ 中，同时 y_t 的结构转换是由 x_{1t}引起的，即转换函数的转换变量是 x_{1t}。

方程（7－21）显示，多变量、两个结构断点协整关系随结构断点 c 的变化而变化，体现了协整关系的结构变动特征。当 $x_{1t}<c_1$ 时，$G_1(\cdot)\to 0$，$G_2(\cdot)\to 0$，x_t 对 y_t 的影响是 $\alpha_{11}+\alpha_{12}$；当 $c_1<x_t<c_2$ 时，$G_1(\cdot)\to 1$，$G_2(\cdot)\to 0$，x_t 对 y_t 的影响是 $\alpha_{11}+\alpha_{12}+\delta_{11}+\delta_{12}$；当 $x_t>c_2$ 时，$G_1(\cdot)\to 1$，$G_2(\cdot)\to 1$，x_t 对 y_t 的影响是 $\alpha_{11}+\alpha_{12}+\delta_{11}+\delta_{12}+\delta_{21}+\delta_{22}$。

（二）线性检验统计量及统计量有限样本性质检验

因为第二个结构断点是在第一个结构断点存在的条件下给出的，所以提出的假设为：

$$H_0:\delta_{2i}=0/\delta_{1i}\neq 0;H_1:\delta_{2i}\neq 0/\delta_{1i}\neq 0,i=1,2 \tag{7-24}$$

在统计量有限样本性质检验中，同样遇到前文提到的第二个结构断点势值偏小的问题，所以和前文的处理方式一样，给出 F_{44} 统计量的功效，以及两个结构断点识别的 AIC 值。

式（7－21）的三阶泰勒展式如式（7－25）：

$$y_t=\mu+\beta t+\alpha_{11}x_{1t}+\alpha_{12}x_{2t}+(\delta'_{11}x_{1t}+\delta'_{12}x_{2t})x_{1t}+(\delta'_{21}x_{1t}+\delta'_{22}x_{2t})x_{1t}^2+(\delta'_{31}x_{1t}+\delta'_{32}x_{2t})x_{1t}^3+\varepsilon_t \tag{7-25}$$

提出假设为：

H_0：$\delta'_{i1}=\delta'_{i2}=0$；$H_1$：$\delta'_{i1}$，$\delta'_{i2}$至少有不为零的，$i=1$，2，3

提出检验统计量为：

$$F_{44}=\frac{(SSR_0-SSR_1)/12}{SSR_1/(N-16)}\sim F(12,N-16) \tag{7-26}$$

其中，SSR_0 表示线性模型的剩余平方和，SSR_1 表示模型（7－25）的剩余平方和。

介于前文提到的问题，本书给出统计量 F_{44}的功效检验，具体步骤如下：

第一步，生成 $\{x_{1t}\}$、$\{x_{2t}\}$ 序列，令

$x_{1t}=1.1+0.2t+0.3x_{t-1}-0.6x_{t-1}G(\cdot)$，其中，$G(\cdot)$ 中的 $r=3$，$c=15$。

$x_{2t}=2.3+0.3t+0.6x_{t-1}-0.5x_{t-1}G(\cdot)$，其中，$G(\cdot)$ 中的 $r=2$，$c=13$。

第二步，根据式（7－21）、按照表 7－8 的参数生成 $\{y_t\}$ 序列。用 $\{y_t\}$ 先拟合线性模型，然后用 $\{y_t\}$ 与转换函数的三阶泰勒展开拟合模型，即式（7－25），利用两个模型的剩余平方和得到 F_{44}统计量值，试验次数为 10000 次，检验结果见表 7－8。

表 7-8　　计量 F_{44} 的 power 检验结果

样本容量	power		信息准则函数			
	数据生成	拒绝概率	一个结构断点		两个结构断点	
			AIC	SC	AIC	SC
50	$\alpha_{11}=1.1$，$\alpha_{12}=1.3$， $\delta_{11}=0.5$，$\delta_{12}=0.6$， $\delta_{21}=0.5$，$\delta_{22}=0.4$， $\gamma_1=1.1$，$c=4.5$ $\gamma_1=1.3$，$c=12.8$	1	4.939	5.171	4.809	4.925
100	$\alpha_{11}=1.3$，$\alpha_{12}=0.1$， $\delta_{11}=0.3$，$\delta_{12}=0.3$， $\delta_{21}=0.3$，$\delta_{22}=0.6$， $\gamma_1=0.9$，$c=6.8$ $\gamma_1=1.1$，$c=13$	1	3.037	3.194	2.928	3.007
150	$\alpha_{11}=1.1$，$\alpha_{12}=0.7$， $\delta_{11}=0.5$，$\delta_{12}=0.4$， $\delta_{21}=0.5$，$\delta_{22}=0.3$， $\gamma_1=1.1$，$c=4.7$ $\gamma_1=0.7$，$c=9$	1	4.392	4.513	4.569	4.629
200	$\alpha_{11}=1.5$，$\alpha_{12}=0.7$， $\delta_{11}=0.8$，$\delta_{12}=0.3$， $\delta_{21}=0.2$，$\delta_{22}=0.6$， $\gamma_1=1.1$，$c=3.5$ $\gamma_1=0.8$，$c=7.9$	0.998	4.097	4.197	4.819	4.869

表 7-8 显示，功效值能准确识别出序列存在第二个结构断点情况，统计量检验功效良好。为进一步说明，在一个结构断点存在情况下，第二个结构断点检测能否用信息准则函数予以识别，我们在每个样本容量下随机模拟产生 1000 个序列，计算准则函数（AIC 值、SC 值）在一个结构断点和两个结构断点的均值，考察是否在二个结构断点时，准则函数识别结构断点的有效性，检验结果见表 7-8。检验结果显示，在样本容量为 50 及 100 时，无论是 AIC 值还是 SC 值，都是两个结构断点的值比一个结构断点的值小，意味着借

助准则函数可以有效识别结构断点个数；当样本容量为150及200时，两个准则函数的第二个结构断点的值并没有比第一个结构断点的小，不能有效识别结构断点个数。考虑到实际数据建模时，容量在150以上的情况很少，所以，可以用信息转折函数方法识别平稳趋势结构断点序列回归中结构断点个数。

（三）回归结果检验统计量

因为 $\{x_t\}$ 序列是平稳趋势结构断点序列，所以模型的检验针对残差序列进行，满足零均值、等方差、独立性条件。这里不再赘述。

第四节 进一步研究：平稳趋势结构断点回归的线性检验统计量分布

前文的研究中，按照通常的理解，平稳趋势结构断点序列的线性检验统计量服从标准的F分布，然而，蒙特卡洛模拟试验发现，小样本条件下，F统计量的功效检验值很低，只有在大样本条件下，F统计量的功效才很高，说明小样本时，基于剩余平方和所构造的统计量不服从标准的F分布，数值模拟图形显示，与标准的F分布的概率密度函数图形差距较大，呈现明显的尖峰特征；两个结构断点情况下，size的值与检验的显著性水平差距甚远，再次说明即使在平稳条件下，F统计量也可能不是标准的F分布。

为获得平稳条件下趋势结构断点序列线性检验统计量的真实分布，以两变量、两个结构断点为例，利用蒙特卡洛模拟试验，得到前文 F_{42} 统计量的分布及临界值，并进行功效和势值的检验。

一、线性检验 F_{42} 统计量模拟临界值

趋势平稳结构断点序列的回归方程中，模型是否需要非线性部分，采取基于剩余平方和的F统计量，式（7－11）的三阶泰勒展式在两个转换函数条件下，将三阶泰勒展开的变量进行了合并，结果如式（7－27）。

$$y_t = \mu + \beta t + \alpha x_t + \delta_{12} x_t^2 + \delta_{13} x_t^3 + \delta_{14} x_t^4 + \varepsilon_t \tag{7-27}$$

提出假设为：

$H_0:\delta_{11}=\delta_{12}=\delta_{13}=0;H_1:\delta_{11},\delta_{12},\delta_{13}$至少有一个不为零。

提出检验统计量为：

$$F_{42}=\frac{(SSR_0-SSR_1)/6}{SSR_1/(N-9)}\sim F(6,N-9) \tag{7-28}$$

其中，SSR_0 表示线性模型的剩余平方和，SSR_1 表示模型（7－27）的剩余平方和。

利用 20000 次蒙特卡洛模拟试验，得到 F_{42} 统计量临界值，如表 7－9 所示。

表 7－9　　F_{42}统计量临界值

样本容量	显著性水平							
	0.01	0.025	0.05	0.1	0.9	0.95	0.975	0.99
50	2.004	1.621	1.341	1.056	0.094	0.058	0.035	0.019
100	1.939	1.591	1.323	1.038	0.095	0.057	0.036	0.019
150	1.950	1.583	1.309	1.041	0.093	0.057	0.035	0.019
200	1.959	1.569	1.320	1.056	0.096	0.057	0.035	0.018

F_{42}的临界值显示，尖峰拖尾性质明显，而且与标准 F 统计量分布有显著性差别，样本容量为 50 时，F_{42}的概率直方图见图 7－5，呈现明显的尖峰拖尾特征。

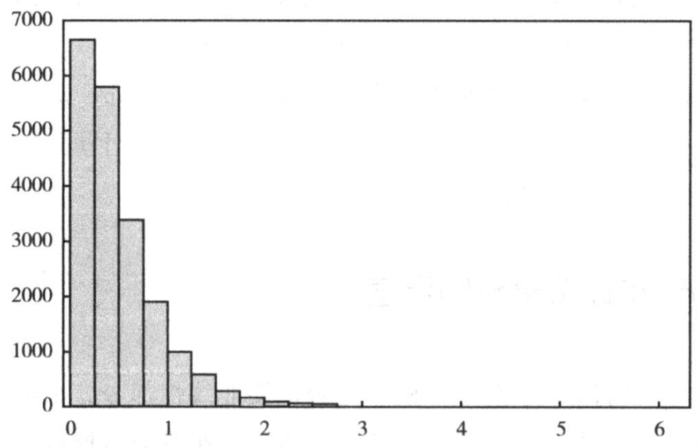

Series: F6	
Sample 1 20000	
Observations 20000	
Mean	0.495772
Median	0.382808
Maximum	6.245846
Minimum	4.38e-05
Std. Dev.	0.426391
Skewness	1.945666
Kurtosis	9.838277
Jarque-Bera	51587.09
Probability	0.000000

图 7－5　F_{42}的概率分布直方图（n＝50）

二、F_{42}有限样本性质检验

为检验 F_{42}统计量在有限样本条件下的性质，利用蒙特卡洛模拟试验给出其功效及势值检验结果，为便于比较，数据生成参数与表 7-3 相同。

（一）功效检验

功效是在备择假设成立的条件下进行的，具体步骤如下：

第一步，生成 $\{x_t\}$ 序列，令：

$$x_t = 0.1 + 0.2t + 0.3x_{t-1} - 0.2x_{t-1}G(\cdot) \tag{7-29}$$

其中，$G(\cdot)$ 中的 $r=1.3$，$c=7.5$。

第二步，按照式（7-11）以及表 7-10 的参数生成 $\{y_t\}$ 序列，$\mu=0.3$，$\beta=0.1$。用 $\{y_t\}$ 先拟合线性模型，然后用 $\{y_t\}$ 与转换函数的三阶泰勒展开拟合模型，即式（7-27），利用两个模型的剩余平方和得到 F_{42}统计量值，试验次数为 10000 次，检验结果见表 7-10。

表 7-10 统计量 F_{42}的 power 检验结果

样本容量	power	
	数据生成	拒绝概率
50	$\alpha=0.2$，$\delta_1=0.6$，$\delta_2=0.5$， $\gamma_1=1.7$，$c_1=4.5$ $\gamma_1=1.3$，$c_2=9.6$	0.743
100	$\alpha=0.5$，$\delta_1=-0.7$，$\delta_2=-0.3$， $\gamma_1=1.3$，$c_1=3.8$ $\gamma_1=1.7$，$c_2=6.9$	1
150	$\alpha=0.4$，$\delta_1=0.3$，$\delta_2=-0.5$， $\gamma_1=0.5$，$c_1=2.3$ $\gamma_1=1.2$，$c_2=6.3$	1
200	$\alpha=0.7$，$\delta_1=-0.2$，$\delta_2=0.3$， $\gamma_1=1.1$，$c_1=2.8$ $\gamma_1=0.9$，$c_2=7.3$	0.99

表 7－10 的结果显示，利用模拟的 F_{42} 的统计量值，功效检验结果，较前文研究结果有明显的改善。样本容量 50 的功效值在 0.763，有明显提高，而 size 的值在 5% 显著性水平附近，显示合理的概率分布特征。说明即使平稳趋势结构断点序列，其线性检验统计量分布也不是标准的 F 分布，需要根据数据生成过程模拟产生临界值，否则，使用标准的 F 分布进行检验，会得出错误的结论。

（二）势值检验

势值是在原假设成立的条件下进行的，按照式（7－11）以及表 7－11 的参数生成 $\{y_t\}$ 序列，用 $\{y_t\}$ 先拟合线性模型，然后用 $\{y_t\}$ 与转换函数的三阶泰勒展开拟合模型，即式（7－27），利用两个模型的剩余平方和得到 F_{42} 统计量值，试验次数为 10000 次，检验结果见表 7－11。

表 7－11　　统计量 F_{42} 的 size 检验结果

样本容量	power		size	
	数据生成	拒绝概率	数据生成	拒绝概率
50	$\alpha=0.2$，$\delta_1=0.6$，$\delta_2=0.5$， $\gamma_1=1.7$，$c_1=4.5$ $\gamma_1=1.3$，$c_2=9.6$	0.743	$\mu=0.8$，$\beta=0.2$， $\alpha=0.3$，$\delta_1=0.6$ $r_1=1.7$，$c_1=2.5$	0.0510
100	$\alpha=0.5$，$\delta_1=-0.7$，$\delta_2=-0.3$， $\gamma_1=1.3$，$c_1=3.8$ $\gamma_1=1.7$，$c_2=6.9$	1	$\mu=0.3$，$\beta=0.5$， $\alpha=0.2$，$\delta_1=-0.7$ $r_1=1.3$，$c_1=3.8$	0.0467
150	$\alpha=0.4$，$\delta_1=0.3$，$\delta_2=-0.5$， $\gamma_1=0.5$，$c_1=2.3$ $\gamma_1=1.2$，$c_2=6.3$	1	$\mu=0.4$，$\beta=0.5$， $\alpha=0.3$，$\delta_1=0.3$ $r_1=0.5$，$c_1=2.5$	0.0466
200	$\alpha=0.7$，$\delta_1=-0.2$，$\delta_2=0.3$， $\gamma_1=1.1$，$c_1=2.8$ $\gamma_1=0.9$，$c_2=7.3$	0.99	$\mu=0.1$，$\beta=0.2$， $\alpha=0.3$，$\delta_1=-0.2$ $r_1=1.1$，$c_1=2.8$	0.0469

三、其余线性检验统计量的临界值模拟结果

为便于应用，本书给出其余的 F_{41}、F_{43}、F_{44} 统计量的蒙特卡洛模拟临界

值，试验次数均为20000次，三个统计量的功效和势值检验省略，分别见表7-12、表7-13、表7-14。

表7-12　F_{41}统计量临界值

样本容量	显著性水平							
	0.01	0.025	0.05	0.1	0.9	0.95	0.975	0.99
50	4.447	3.524	2.874	2.257	0.197	0.116	0.071	0.037
100	3.981	3.276	2.729	2.153	0.197	0.119	0.075	0.038
150	3.946	3.243	2.686	2.134	0.195	0.118	0.076	0.041
200	3.808	3.206	2.658	2.121	0.197	0.116	0.072	0.037

表7-13　F_{43}统计量临界值

样本容量	显著性水平							
	0.01	0.025	0.05	0.1	0.9	0.95	0.975	0.99
50	3.469	2.876	2.442	1.995	0.375	0.274	0.202	0.142
100	3.036	2.569	2.229	1.859	0.366	0.273	0.208	0.146
150	2.931	2.506	2.175	1.832	0.367	0.274	0.204	0.145
200	2.956	2.516	2.158	1.810	0.370	0.274	0.209	0.146

表7-14　F_{44}统计量临界值

样本容量	显著性水平							
	0.01	0.025	0.05	0.1	0.9	0.95	0.975	0.99
50	1.434	1.195	1.021	0.850	0.159	0.118	0.088	0.060
100	1.429	1.204	1.043	0.872	0.172	0.129	0.095	0.066
150	1.386	1.185	1.032	0.868	0.176	0.130	0.099	0.068
200	1.387	1.185	1.033	0.870	0.174	0.131	0.098	0.069

第五节　小　　结

本章就平稳趋势结构断点序列回归问题展开研究，考虑两变量、多变量的一个及两个结构断点的情况。研究结论如下：

第一，两变量回归中，采用标准 F 分布进行线性检验：一个结构断点条件下，对统计量功效进行检验时，小样本下的功效值偏低，大样本下的功效值较高，势值检验效果良好。在两个结构断点线性检验检验中，功效值在小样本条件下偏低，而势值与显著性水平5%的偏差较大。

第二，多变量线性检验统计量有限样本性质检验结果，与两变量检验结果一致。

第三，在功效与势值检验中，标准 F 分布应用中出现的偏差，显示 F 分布也许不适合平稳趋势结构断定序列线性检验。利用蒙特卡洛模拟试验发现，平稳趋势结构断点序列线性检验统计量的概率分布与标准 F 分布差异大，呈现尖峰拖尾态势。

第四，进一步利用蒙特卡洛模拟试验模拟线性检验 F 统计量分布，以 F_{42} 为例，进行功效和势值检验，效果优良。再次证明，平稳趋势结构断点序列线性检验统计量分布不是标准的 F 分布。本书给出了 F_{41}、F_{43}、F_{44} 统计量分布的临界值。

第五，模型回归结果可以通过对残差的零均值、等方差、独立性检验，实现对模型拟合效果的检验。

第八章　研究结论与展望

第一节　研究结论

宏观经济时间序列的趋势中往往包含结构性变动特征，趋势代表经济序列所遵循的持续稳定的变动态势，结构性变动代表由于技术进步、制度变迁、危机冲击等因素造成的原有态势的改变。改革开放以来，我国经历了几次重大的结构调整和制度变迁，许多宏观经济序列的趋势中包含了结构变化。然而，经典的单位根及协整检验模型往往不能准确刻画上述特征，造成对宏观经济序列变动特征及相关关系的错误判断；而现有关于趋势结构断点序列的研究大多片面地认为结构是突变的、断点前后的趋势是折断的，这与实际经济变动特征不符。事实上，针对趋势结构断点序列，目前并没有形成系统性建模理论，影响了对这类序列波动规律及相互关系的判断。基于此，建立一套从单位根检验到协整分析系统性的趋势结构断点序列建模理论，具有重要的理论意义及应用价值。本书认为经济时间序列的结构转换是平滑的，引入平滑转换函数表示结构转换，而不是用虚拟变量表示：因为这样表示的结构断点前后是折断的、不连续的，往往与实际经济序列状况不符。

本书利用 Logistic 函数表示序列的结构断点，认为断点是平滑转换的，基于线性模型与 STR 模型研究趋势结构断点序列协整问题。首先，基于 STR 模型提出适合趋势结构断点序列的单位根模型、检验统计量及分布；其次，基于 STR 模型给出两变量、多变量的协整方程，检验统计量及分布，并将理论应用于实证分析中。本书得到主要结论如下：

第一，趋势结构断点序列是非线性时间序列，应该有适合其的单位根检验模型。本书提出基于 STR 模型的单位根模型及检验 t_ρ 统计量，t_ρ 统计量分布是非标准的，且与 DF 检验临界值存在较大差异；基于 Bootstrap 方法提出多结构断点单位根检验步骤，并模拟统计量临界值。

第二，基于多结构断点趋势模型的单位根检验统计量具有较好的检验功效，在针对包含结构断点趋势序列的单位根检验时，检验功效受样本容量及转换速度的影响较小，较 DF 统计量具有更高的稳定性，而此时，DF 统计量拒绝原假设的概率较小，往往导致序列被错误地识别为单位根过程；基于多结构断点趋势模型的单位根检验统计量具有较好的检验水平，其在不同样本容量及转换机制下检验水平的平均值为 0.05，与名义显著性水平一致，说明统计量具有较合理的分布；实证分析发现，通过 ADF 检验被认定为带趋势的单位根过程的 5 个宏观经济变量，在基于多结构断点趋势模型的单位根检验中，仅有出口总额仍为非平稳过程，其余 4 个变量均为包含结构断点趋势的平稳序列。另外，根据多结构断点趋势模型的拟合结果发现，该模型能够准确地捕捉趋势经济序列中的结构变化，具有较强的应用价值。

第三，基于 STR 模型提出两变量、一个结构断点及两个结构断点的协整模型及F_{11}检验统计量。F_{11}统计量分布有优良的有限样本性质，功效值在 0.85 以上；随着样本容量的增大，功效值接近于 1。F_{11}统计量的势值在 0.05 左右，显示有合理的概率分布特征。本书提出两变量、两个结构断点的线性检验模型及检验统计量F_{22}，F_{22}有优良的有限样本性质，功效值在 0.9 以上，势值在 0.05 左右，具有合理的统计分布特征。利用 1980 年到 2019 年数据分析，我国城镇居民的人均消费函数，实证结果显示，人均消费与人均支出数据存在基于 STR 模型的单位根，具有结构变化特征；协整方程显示，两者的长期均衡关系中存在结构变化，在人均收入超过 4200 元时，消费发生结构性变化，时间点大约在 1995 年，且边际消费倾向由 0.525 上升为 0.614。

利用协整方程的残差提出协整检验统计量，统计量的分布是非标准的，有限样本下的检验效果优良；本书提出利用信息准则函数检测结构断点个数，模拟试验发现，能有效检测出协整方程中结构断点的个数。

第四，就多变量趋势结构断点序列的协整问题展开研究。首先，提出了多变量一个结构断点的协整模型、线性检验统计量，检验了统计量的有限样本性质。在一个转换函数下，线性检验统计量F_{31}具有良好的有限样本性质，检验功效在 0.92 以上，随样本容量的增大而增大；5% 显著性水平下，统计量F_{31}的势值在0.05左右，具有合理的统计分布特征。

其次，提出了多变量两个结构断点的协整模型、线性检验统计量，检验了统计量的有限样本性质，利用线性检验统计量自由度设置解决了结构断点个数识别问题。在另一个转换函数的线性检验中，提出检验统计量F_{32}，在其自由度上体现第二个结构断点特征。结果显示，统计量F_{32}有良好的有限样本性质，功效值为1；5%显著性水平下，统计量F_{32}的势值在0.05左右，具有合理的统计分布特征。

最后，将理论与方法应用于我国货币需求函数的趋势结构断点实证研究中。以CPI不变价、GDP、资产利率与实际货币需求考察协整关系，结果显示，四个变量均存在有结构断点的单位根，且存在趋势结构断点的协整关系，在2007—2008年和2014—2015年存在两个结构断点。

第五，就平稳趋势结构断点序列的协整问题展开研究。首先，提出了两变量、多变量的一个结构断点的协整模型、线性检验统计量，并检验统计量的有限样本性质。统计量的功效值随样本容量增大而增大，势值在显著性水平0.05左右，可以用标准的F分布进行模型的线性加以检验。

其次，提出了两变量、多变量两个结构断点协整模型及线性检验统计量。然而，F统计量的功效检验结果良好，而势值的检验结果欠佳。可以用信息准则函数检验是否存在第二个结构断点；接下来，对统计量临界值进行模拟，有限样本性质检验结果显示，模拟统计量的功效及势值检验表现良好，说明平稳趋势结构断点序列的线性检验统计量是非标准的F分布；进一步研究证实，平稳趋势结构断点序列线性检验统计量不服从标准F分布，并给出了模拟临界值。

最后，平稳趋势结构断点序列模型同一般的平稳序列模型一样，可以通过利用残差的性质来检验模型的拟合效果。

第二节 展　　望

本书讨论了基于Logistic函数表示结构断点情况下，序列的单位根及协整检验问题。限于篇幅，以下问题未进行深入讨论，可成为将来的研究方向。

第一，本书仅考虑了在斜率系数中的结构断点情况，未考虑常数项及时间序列趋势项中的结构断点情况，它们代表的含义不同，是进一步研究的内容。斜率项中的结构断点表示是由自变量引起的结构变化情况，而常数项及时间序列项则是由本解释变量个体及时间因素引起的结构变化。

第二，本书在趋势结构断点序列的单位根检验中使用了 Bootstrap 方法，解决了多结构断点识别问题，而在协整检验中，使用 F 统计量进行检验，并利用蒙特卡洛模拟试验得到临界值。蒙特卡洛模拟试验得到临界值要依赖于随机扰动项是正态分布的假定，Bootstrap 方法是依据数据抽样后得到统计量的分布，不依赖于随机扰动项的分布，对于非线性时间序列可能会得到不同的结论，是值得探讨的问题。

附　　录

第四章　单位根检验统计量 t_ρ 临界值

```
'new workfile created called df-dd9,undated
'with 20000 observations
workfile df-dd9 u 20000
scalar k1
scalar k2
scalar k3
scalar k4
scalar k5
scalar k6
scalar k7
scalar k8

series s1
series s2
series s3
series v1
series v2
series v3
series y
series y1
seriesdyy1
series yy1
series t1
series t
```

（以下程序省略）

```
!nreps = 20000
!nobs = 200
for !repc = 1 to !nreps
smpl @first @first
series y = 0

smpl @first + 1   !nobs
series t = @trend(0)
series y = y(-1) + nrnd
series s1 = (y(-1))^2
series s2 = (y(-1))^3
series s3 = (y(-1))^4
series y1 = y(-1) + c(7)*t + c(6) + c(8)*s1 + c(9)*s2 + c(10)*s3 +
nrnd
series yy1 = y1 - @mean(y1)

seriesdyy1 = yy1 - yy1(-1)
series v1 = yy1(-1)*t
series v2 = yy1(-1)*(t^2)
series v3 = yy1(-1)*(t^3)

equation eq1. lsdyy1 yy1(-1)c   t   v1   v2   v3
t1(!repc) = @tstats(1)
next
smpl @first !nreps
k1 = @quantile(t1,0.01)
k2 = @quantile(t1,0.025)
k3 = @quantile(t1,0.05)
k4 = @quantile(t1,0.1)
k5 = @quantile(t1,0.9)
```

```
k6 = @quantile(t1,0.95)
k7 = @quantile(t1,0.975)
k8 = @quantile(t1,0.99)
freeze t1.qqplot
freeze t1.hist
freeze k1 k2 k3 k4 k5 k6 k7 k8
```

第五章 两变量、一个转换函数F_{21}统计量临界值

```
'new workfile created called df-yy100,undated
'with 20000 observations
workfile df-yy100  u  20000
!nreps = 20000
!nobs = 100
for !repc = 1 to !nreps
smpl @first @first
series y = 0
series x = 0
smpl @first + 1  !nobs
series t = @trend(0)
series x = x(-1) + nrnd
series w1 = (x(-1))^2
series w2 = (x(-1))^3
series w3 = (x(-1))^4
series x1 = x(-1) + c(1) + c(2)*t + c(3)*w1 + c(4)*w2 + c(5)*w3 +
nrnd
series xx1 = x1 - @mean(x1)
series y = y(-1) + nrnd
series q1 = (xx1)^2
series q2 = (xx1)^3
series q3 = (xx1)^4
```

```
series y1 = c(15) + c(6) * t + c(20) * xx1 + nrnd
series yy1 = y1 - @mean(y1)
equation eq1. ls yy1 c   t   xx1
f1(!repc) = eq1. @ssr
equation eq2. ls yy1 c t   xx1   q1   q2   q3
f2(!repc) = eq2. @ssr
f3(!repc) = f1(!repc) - f2(!repc)
f4(!repc) = f3(!repc)/3
f5(!repc) = f2(!repc)/(!nobs - 6)
f6(!repc) = f4(!repc)/f5(!repc)
next
show f6
```

第五章 两变量、一个转换函数统计量F_{21}的 power 检验

```
'new workfile created called df - yy200, undated
'with 10000 observations
workfile df - yy200 u 10000
!nreps = 10000
!nobs = 200
for !repc = 1 to !nreps
smpl @first @first
series y = 0
series x = 0
!b1 = 1.7
!b2 = -0.8
!r1 = -1.5
smpl @first   @first
series x = 0
series y = 0
smpl   @first + 1      !nobs
series t = @trend(0)
```

```
series x = x(-1) + nrnd
series x1 = x(-1) + 1.1 + 0.2*t - 0.6*x(-1)*(1/(1 + @exp(-3*(x(-1) - 2.8)))) + nrnd
series xx1 = x1 - @mean(x1)
series y = !b1*xx1 + 1.5 + 0.4*t + (!b2*xx1)*(1/(1 + @exp(!r1*(xx1 - 3.7)))) + nrnd
series yy1 = y - @mean(y)
series q1 = (xx1)^2
series q2 = (xx1)^3
series q3 = (xx1)^4
equation eq1.ls yy1 c  t  xx1
f1(!repc) = eq1.@ssr
equation eq2.ls yy1  c  t  xx1  q1  q2  q3
f2(!repc) = eq2.@ssr

f3(!repc) = f1(!repc) - f2(!repc)
f4(!repc) = f3(!repc)/3
f5(!repc) = f2(!repc)/(!nobs - 6)
f6(!repc) = f4(!repc)/f5(!repc)
next
smpl @first !nreps
show f6
```

第五章 两变量、一个转换函数F_{21}统计量的 size 检验

```
'new workfile created called df-yy300,undated
'with 10000 observations
workfile df-yy300 u 10000
!nreps = 10000
!nobs = 200
for !repc = 1 to !nreps
smpl @first @first
```

```
series y =0
series x =0
!b1 =0.6
smpl @first  @first
series x =0
series y =0
smpl  @first +1      !nobs
series t = @trend(0)
series x = x( -1) + nrnd
series x1 = x( -1) + 1.2 +0.3* t - 0.5* x( -1)* (1/(1 + @exp( -3*
(x( -1) -11)))) + nrnd
series xx1 = x1 - @mean(x1)
series y = !b1* xx1 +1.2 +0.2* t + nrnd
series y1 = y - @mean(y)
series q1 = (xx1)^2
series q2 = (xx1)^3
series q3 = (xx1)^4
equation eq1.ls y1 c t  xx1
f1(!repc) = eq1.@ssr
equation eq2.ls y1  c  t  xx1  q1  q2  q3
f2(!repc) = eq2.@ssr
f3(!repc) = f1(!repc) - f2(!repc)
f4(!repc) = f3(!repc)/3
f5(!repc) = f2(!repc)/(!nobs -6)
f6(!repc) = f4(!repc)/f5(!repc)
next
smpl @first !nreps

show f6
```

第五章 协整残差 t_e 统计量临界值

```
'new workfile created called df - yy101 ,undated
'with 20000 observations
workfile df - yy101   u   20000
!nreps = 20000
!nobs = 50
for !repc = 1 to !nreps
smpl @first @first
series y = 0
series x = 0
smpl @first + 1   !nobs
series t = @trend(0)
series x = x( - 1) + nrnd
series w1 = (x( - 1))^2
series w2 = (x( - 1))^3
series w3 = (x( - 1))^4
series x1 = x( - 1) + c(1) + c(2) * t + c(3) * w1 + c(4) * w2 + c(5) * w3 +
nrnd
series q1 = (x1)^2
series q2 = (x1)^3
series q3 = (x1)^4
series y1 = c(15) + c(16) * t + c(17) * x1 + c(18) * q1 + c(19) * q2 +
c(20) * q3 + nrnd
equation eq2. ls y1 c t   x1   q1   q2   q3
series e = resid
series de = e - e( - 1)
equation eq1. ls de e( - 1)
t1( !repc) = @tstats(1)
next
smpl @first !nreps
k1 = @quantile(t1 ,0. 01)
```

```
k2 = @quantile(t1,0.025)
k3 = @quantile(t1,0.05)
k4 = @quantile(t1,0.1)
k5 = @quantile(t1,0.9)
k6 = @quantile(t1,0.95)
k7 = @quantile(t1,0.975)
k8 = @quantile(t1,0.99)
freeze t1.qqplot
freeze t1.hist
freeze k1 k2 k3 k4 k5 k6 k7 k8
```

第五章 协整残差 t_e统计量的 power 检验

```
'new workfile created called df-yy201,undated
'with 10000 observations
workfile df-yy201 u 10000
!nreps = 10000
!nobs = 200
for !repc = 1 to !nreps
smpl @first @first
series y = 0
series x = 0
!b1 = 0.7
!b2 = -0.8
!r1 = -1.5
smpl @first   @first
series x = 0
series y = 0
smpl   @first + 1        !nobs
series t = @trend(0)
series x = x(-1) + nrnd
series x1 = x(-1) + 1.1 + 0.2*t - 0.6*x(-1)*(1/(1 + @exp(-3*
```

```
(x( -1) -2.8)))) + nrnd
    series y1 = !b1 * x1 + 1.5 + 0.4 * t + (!b2 * x1) * (1/(1 + @exp(!r1 * (x1 -
3.7)))) + nrnd
    series q1 = (x1)^2
    series q2 = (x1)^3
    series q3 = (x1)^4
    equation eq2.ls y1  c  t  x1  q1  q2  q3
    series e = resid
    series de = e - e( -1)
    equation eq1.ls de e( -1)
    t1(!repc) = @tstats(1)
    next
    smpl @first !nreps
    k1 = @quantile(t1,0.01)
    k2 = @quantile(t1,0.025)
    k3 = @quantile(t1,0.05)
    k4 = @quantile(t1,0.1)
    k5 = @quantile(t1,0.9)
    k6 = @quantile(t1,0.95)
    k7 = @quantile(t1,0.975)
    k8 = @quantile(t1,0.99)
    freeze t1.qqplot
    freeze t1.hist
    freeze k1 k2 k3 k4 k5 k6 k7 k8
```

第五章 协整残差 t_e 统计量的 size 检验

```
'new workfile created called df - yy301,undated
'with 10000 observations
workfile df - yy301 u 10000
!nreps = 10000
!nobs = 200
```

```
for !repc = 1 to !nreps
smpl @first @first
series y = 0
series x = 0
smpl @first   @first
series x = 0
series y = 0
smpl   @first + 1       !nobs
series t = @trend(0)
series x = x( -1) + nrnd
series w1 = (x( -1))^2
series w2 = (x( -1))^3
series w3 = (x( -1))^4
series x1 = x( -1) +0.4 +0.3 * t - 0.5 * x( -1) * (1/(1 + @exp( -1.3 * (x
( -1) - 13.7)))) + nrnd
series r1 = (x1)^2
series r2 = (x1)^3
series r3 = (x1)^4
series y = y( -1) + nrnd
series q1 = (y( -1))^2
series q2 = (y( -1))^3
series q3 = (y( -1))^4
series y1 = y( -1) -0.7 +0.3 * t + 0.5 * y( -1) * (1/(1 + @exp( -3.1 * (y
( -1) - 10.5)))) + nrnd
equation eq2.ls y1   x1   r1   r2   r3
series e = resid
series de = e - e( -1)
equation eq1.ls de e( -1)
t1(!repc) = @tstats(1)
next
smpl @first !nreps
```

```
show t1
```

第五章 两变量、两转换函数F_{22}统计量临界值

```
'new workfile created called df - yy888,undated
'with 20000 observations
workfile df - yy888 u 20000
!nreps = 20000
!nobs = 50
for !repc = 1 to !nreps
smpl @first @first
series y = 0
series x = 0
smpl @first + 1    !nobs
series t = @trend(0)
series x = x( - 1) + nrnd
series w1 = (x( - 1))^2
series w2 = (x( - 1))^3
series w3 = (x( - 1))^4
series x1 = x( - 1) + c(1) + c(2) * t + c(3) * w1 + c(4) * w2 + c(5) * w3 +
nrnd
series q1 = (x1)^2
series q2 = (x1)^3
series q3 = (x1)^4
series y1 = c(11) + c(12) * t + c(13) * x1 + nrnd
equation eq3. ls y1   c   t   x1
f1( !repc) = eq3. @ssr
equation eq4. ls y1   c   t   x1   q1   q2   q3
f2( !repc) = eq4. @ssr
f3( !repc) = f1( !repc) - f2( !repc)
f4( !repc) = f3( !repc)/6
f5( !repc) = f2( !repc)/( !nobs - 9)
```

```
f6(!repc) = f4(!repc)/f5(!repc)
next
smpl @first !nreps
k1 = @quantile(f6,0.01)
k2 = @quantile(f6,0.025)
k3 = @quantile(f6,0.05)
k4 = @quantile(f6,0.1)
k5 = @quantile(f6,0.9)
k6 = @quantile(f6,0.95)
k7 = @quantile(f6,0.975)
k8 = @quantile(f6,0.99)
freeze f6.qqplot
freeze f6.hist
freeze k1 k2 k3 k4 k5 k6 k7 k8
```

第五章 两变量、两转换函数F_{22}统计量的 power 检验

```
'new workfile created called df-yy8888,undated
'with 10000 observations
workfile df-yy8888 u 10000
!b1 =0.7
!b2 =0.8
!b3 =0.5
!r1 = -1.5
!r2 = -1.8
series t
!nreps = 10000
!nobs = 200
for !repc = 1 to !nreps
smpl @first @first
series y = 0
series x = 0
```

```
smpl @first + 1    !nobs
series t = @trend(0)
series x = x( -1) + nrnd
series w1 = (x( -1))^2
series w2 = (x( -1))^3
series w3 = (x( -1))^4
series x1 = x( -1) + 1.1 + 0.2 * t - 0.6 * x( -1) * (1/(1 + @exp( - 3 *
(x( -1) - 3.5)))) + nrnd
series xx1 = x1 - @mean(x1)
series q1 = (xx1)^2
series q2 = (xx1)^3
series q3 = (xx1)^4
series y = !b1 * xx1 + 3.5 + 0.4 * t + !b2 * xx1 * (1/(1 + @exp( !r1 * (xx1 -
3.7)))) + !b3 * xx1 * (1/(1 + @exp( !r2 * (xx1 - 7.2)))) + nrnd
series y1 = y - @mean(y)
equation eq3.ls y1   c   t   xx1
f1( !repc) = eq3.@ssr
equation eq4.ls y1   c   t   xx1   q1   q2   q3
f2( !repc) = eq4.@ssr
f3( !repc) = f1( !repc) - f2( !repc)
f4( !repc) = f3( !repc)/6
f5( !repc) = f2( !repc)/( !nobs - 9)
f6( !repc) = f4( !repc)/f5( !repc)
next
smpl @first !nreps
show f6
```

第五章 两变量、两转换函数F_{22}统计量的 size 检验

```
'new workfile created called df - yy999, undated
'with 10000 observations
workfile df - yy999 u 10000
```

```
!b1 = -0.3
!b2 =0.6
!b3 =0.5
!r1 = -3
!r2 = -1.8
series t
!nreps =10000
!nobs =200
for !repc =1 to !nreps
smpl @first @first
series y =0
series x =0
smpl @first +1    !nobs
series t = @trend(0)
series x =x( -1) +nrnd
series w1 = (x( -1))^2
series w2 = (x( -1))^3
series w3 = (x( -1))^4
series x1 = x( -1) + 1.1 +0.2* t -0.6* x( -1)* (1/(1 + @exp( -3*
(x( -1) -3.5)))) +nrnd
series xx1 =x1 - @mean(x1)
series q1 = (xx1)^2
series q2 = (xx1)^3
series q3 = (xx1)^4
series y = !b1* xx1 +3.5 +0.4* t +nrnd
series y1 =y - @mean(y)
equation eq3.ls y1   c   t   xx1
f1(!repc) =eq3.@ssr
equation eq4.ls y1   c   t   xx1   q1   q2   q3
f2(!repc) =eq4.@ssr
f3(!repc) =f1(!repc) -f2(!repc)
```

```
f4(!repc) = f3(!repc)/6
f5(!repc) = f2(!repc)/(!nobs - 9)
f6(!repc) = f4(!repc)/f5(!repc)
next
smpl @first !nreps
show f6
```

第六章 多变量、一个转换函数F_{31}统计量的临界值

```
'new workfile created called df - yy22,undated
'with 20000 observations
workfile df - yy22 u 20000
!nreps = 20000
!nobs = 50
for !repc = 1 to !nreps
smpl @first @first
series y = 0
series x = 0
series v = 0
smpl @first + 1   !nobs
series t = @trend(0)
series x = x( - 1) + nrnd
series w1 = (x( - 1))^2
series w2 = (x( - 1))^3
series w3 = (x( - 1))^4
series x1 = x( - 1) + c(1) + c(2) * t + c(3) * w1 + c(4) * w2 + c(5) * w3 +
nrnd
series xx1 = x1 - @mean(x1)
series v = v( - 1) + nrnd
series u1 = (v( - 1))^2
series u2 = (v( - 1))^3
series u3 = (v( - 1))^4
```

```
series v1 = v(-1) + c(10) + c(11)*t + c(12)*u1 + c(13)*u2 + c(14)*
u3 + nrnd
series vv1 = v1 - @mean(v1)
series y = y(-1) + nrnd
series s1 = (y(-1))^2
series s2 = (y(-1))^3
series s3 = (y(-1))^4
series q1 = (xx1)^2
series q2 = (xx1)^3
series q3 = (xx1)^4
series qq1 = (xx1)*(vv1)
series qq2 = (xx1)^2*(vv1)
series qq3 = (xx1)^3*(vv1)
series y1 = c(15) + c(6)*t + c(20)*xx1 + c(21)*vv1 + nrnd
series yy1 = y1 - @mean(y1)
equation eq1.ls yy1 c  t  xx1 vv1
f1(!repc) = eq1.@ssr
equation eq2.ls yy1 c t  xx1 vv1  q1  q2  q3  qq1  qq2  qq3
f2(!repc) = eq2.@ssr
f3(!repc) = f1(!repc) - f2(!repc)
f4(!repc) = f3(!repc)/6
f5(!repc) = f2(!repc)/(!nobs - 10)
f6(!repc) = f4(!repc)/f5(!repc)
next
smpl @first !nreps
k1 = @quantile(f6,0.01)
k2 = @quantile(f6,0.025)
k3 = @quantile(f6,0.05)
k4 = @quantile(f6,0.1)
k5 = @quantile(f6,0.9)
k6 = @quantile(f6,0.95)
```

```
k7 = @quantile(f6,0.975)
k8 = @quantile(f6,0.99)
freeze f6.qqplot
freeze f6.hist
freeze k1 k2 k3 k4 k5 k6 k7 k8
```

第六章 多变量一个结构断点F_{31}统计量的 power 检验

```
'new workfile created called df-yy2,undated
'with 10000 observations
workfile df-yy2 u 10000
!nreps = 10000
!nobs = 200
for !repc = 1 to !nreps
smpl @first @first
series y = 0
series x = 0
series v = 0
!b1 = 0.7
!b2 = 0.5
!b3 = -0.3
!b4 = -0.1
!r1 = -0.7
smpl @first @first
series x = 0
series v = 0
series y = 0
smpl @first + 1 !nobs
series t = @trend(0)
series x = x(-1) + nrnd
series x1 = x(-1) + 1.1 + 0.2*t - 0.6*x(-1)*(1/(1 + @exp(-3*
(x(-1) - 15)))) + nrnd
```

```
series xx1 = x1 - @mean(x1)
series v = v(-1) + nrnd
series v1 = v(-1) + 2.3 + 0.3 * t - 0.5 * v(-1) * (1/(1 + @exp(-2 * (v(-1) - 13)))) + nrnd
series vv1 = v1 - @mean(v1)
series y = !b1 * xx1 + !b2 * vv1 + 3.5 + 0.4 * t + (!b3 * xx1 + !b4 * vv1) * (1/(1 + @exp(!r1 * (xx1 - 3.5)))) + nrnd
series yy1 = y - @mean(y)
series q1 = (xx1)^2
series q2 = (xx1)^3
series q3 = (xx1)^4
series qq1 = (xx1) * vv1
series qq2 = (xx1)^2 * vv1
series qq3 = (xx1)^3 * vv1
equation eq1.ls yy1 c t  xx1  vv1
f1(!repc) = eq1.@ssr
equation eq2.ls yy1  c  t  xx1  vv1  q1 q2  q3 qq1  qq2  qq3
f2(!repc) = eq2.@ssr
f3(!repc) = f1(!repc) - f2(!repc)
f4(!repc) = f3(!repc)/6
f5(!repc) = f2(!repc)/(!nobs - 10)
f6(!repc) = f4(!repc)/f5(!repc)
next
smpl @first !nreps
show f6
```

第六章 多变量、一个转换函数F_{31}的 size 检验

```
'new workfile created called df - yy3,undated
'with 10000 observations
workfile df - yy3 u 10000
!nreps = 10000
```

```
!nobs =50
for !repc =1 to !nreps
smpl @first @first
series y =0
series x =0
series v =0
!b1 = -0.9
!b2 = -0.3
smpl @first  @first
series x =0
series v =0
series y =0
smpl  @first +1     !nobs
series t =@trend(0)
series x =x( -1) +nrnd
series x1 =x( -1) +0.1 +0.3 * t -0.3 * x( -1) * (1/(1 +@exp( -0.8 * (x
( -1) -1.5)))) +nrnd
series xx1 =x1 -@mean(x1)
series v =v( -1) +nrnd
series v1 =v( -1) +0.2 +0.1 * t -0.2 * v( -1) * (1/(1 +@exp( -0.1 * (v
( -1) -1.3)))) +nrnd
series vv1 =v -@mean(v)
series y = !b1 * xx1 + !b2 * vv1 +0.3 +0.1 * t +nrnd
series y1 =y -@mean(y)
series q1 =(xx1)^2
series q2 =(xx1)^3
series q3 =(xx1)^4
series qq1 =(xx1) * vv1
series qq2 =(xx1)^2 * vv1
series qq3 =(xx1)^3 * vv1
equation eq1.ls y1 c t  xx1  vv1
```

```
f1( !repc) = eq1. @ssr
equation eq2. ls y1   c   t   xx1   vv1   q1   q2   q3   qq1   qq2   qq3
f2( !repc) = eq2. @ssr
f3( !repc) = f1( !repc) - f2( !repc)
f4( !repc) = f3( !repc)/6
f5( !repc) = f2( !repc)/( !nobs - 10)
f6( !repc) = f4( !repc)/f5( !repc)
next
smpl @first !nreps
show f6
```

第六章 多变量两个结构断点F_{32}统计量临界值

```
'new workfile created called df - yy222,undated
'with 20000 observations
workfile df - yy222 u 20000
!nreps = 20000
!nobs = 200
for !repc = 1 to !nreps
smpl @first @first
series y = 0
series x = 0
series v = 0
smpl @first + 1   !nobs
series t = @trend(0)
series x = x( -1) + nrnd
series w1 = (x( -1))^2
series w2 = (x( -1))^3
series w3 = (x( -1))^4
series x1 = x( -1) + c(1) + c(2) * t + c(3) * w1 + c(4) * w2 + c(5) * w3 +
nrnd
series xx1 = x1 - @mean(x1)
```

```
series v = v( -1) + nrnd
series u1 = (v( -1))^2
series u2 = (v( -1))^3
series u3 = (v( -1))^4
series v1 = v( -1) + c(10) + c(11) * t + c(12) * u1 + c(13) * u2 + c(14) *
u3 + nrnd
series vv1 = v1 - @mean(v1)
series y = y( -1) + nrnd
series s1 = (y( -1))^2
series s2 = (y( -1))^3
series s3 = (y( -1))^4
series q1 = (xx1)^2
series q2 = (xx1)^3
series q3 = (xx1)^4
series qq1 = (xx1) * (vv1)
series qq2 = (xx1)^2 * (vv1)
series qq3 = (xx1)^3 * (vv1)
series y1 = c(15) + c(6) * t + c(20) * xx1 + c(21) * vv1 + nrnd
series yy1 = y1 - @mean(y1)
equation eq1.ls yy1 c  t  xx1 vv1
f1(!repc) = eq1.@ssr

equation eq2.ls yy1 c t  xx1 vv1  q1  q2  q3  qq1  qq2  qq3
f2(!repc) = eq2.@ssr
f3(!repc) = f1(!repc) - f2(!repc)
f4(!repc) = f3(!repc)/12
f5(!repc) = f2(!repc)/(!nobs - 16)
f6(!repc) = f4(!repc)/f5(!repc)
next
smpl @first !nreps
k1 = @quantile(f6,0.01)
```

```
k2 = @quantile(f6,0.025)
k3 = @quantile(f6,0.05)
k4 = @quantile(f6,0.1)
k5 = @quantile(f6,0.9)
k6 = @quantile(f6,0.95)
k7 = @quantile(f6,0.975)
k8 = @quantile(f6,0.99)
freeze f6.qqplot
freeze f6.hist
freeze k1 k2 k3 k4 k5 k6 k7 k8
```

第六章 多变量两个结构断点F_{32}统计量的 power 检验

```
'new workfile created called df-yy66,undated
'with 10000 observations
workfile df-yy66 u 10000
!nreps = 10000
!nobs = 200
for !repc = 1 to !nreps
smpl @first @first
series y = 0
series x = 0
series v = 0
!b1 = 1.5
!b2 = 0.7
!b3 = 0.8
!b4 = 0.3
!b5 = 0.2
!b6 = 0.6
!r1 = -1.1
!r2 = -0.8
smpl @first @first
```

```
series x = 0
series v = 0
series y = 0

smpl  @first + 1    !nobs
series t = @trend(0)
series x = x(-1) + nrnd
series x1 = x(-1) + 1.1 + 0.2*t - 0.6*x(-1)*(1/(1 + @exp(-3*(x(-1) - 15)))) + nrnd
series xx1 = x1 - @mean(x1)
series v = v(-1) + nrnd
series v1 = v(-1) + 2.3 + 0.3*t - 0.5*v(-1)*(1/(1 + @exp(-2*(v(-1) - 13)))) + nrnd
series vv1 = v1 - @mean(v1)
series y = !b1*xx1 + !b2*vv1 + 3.5 + 0.4*t + (!b3*xx1 + !b4*vv1)*(1/(1 + @exp(!r1*(xx1 - 3.5)))) + (!b5*xx1 + !b6*vv1)*(1/(1 + @exp(!r2*(xx1 - 7.9)))) + nrnd
series yy1 = y - @mean(y)
series q1 = (xx1)^2
series q2 = (xx1)^3
series q3 = (xx1)^4
series qq1 = (xx1)*vv1
series qq2 = (xx1)^2*vv1
series qq3 = (xx1)^3*vv1
equation eq1.ls yy1 c t  xx1  vv1
f1(!repc) = eq1.@ssr
equation eq2.ls yy1  c  t  xx1  vv1  q1 q2  q3  qq1  qq2  qq3
f2(!repc) = eq2.@ssr
f3(!repc) = f1(!repc) - f2(!repc)
f4(!repc) = f3(!repc)/12
f5(!repc) = f2(!repc)/(!nobs - 16)
```

```
f6(!repc) = f4(!repc)/f5(!repc)
next
smpl @first !nreps
show f6
```

第六章 多变量两个结构断点F_{32}统计量的 size 检验

```
'new workfile created called df-yy77,undated
'with 10000 observations
workfile df-yy77 u 10000
!nreps = 10000
!nobs = 150
for !repc = 1 to !nreps
smpl @first @first
series y = 0
series x = 0
series v = 0
!b1 = 1.1
!b2 = -0.3
!b3 = 0.8
!b4 = 0.3
!b5 = 0.2
!b6 = 0.6
!r1 = -1.1
!r2 = -0.8
smpl @first   @first
series x = 0
series v = 0
series y = 0
smpl   @first + 1      !nobs
series t = @trend(0)
series x = x(-1) + nrnd
```

```
series x1 = x(-1) + 1.1 + 0.2*t - 0.6*x(-1)*(1/(1 + @exp(-3*
(x(-1) - 15)))) + nrnd
series xx1 = x1 - @mean(x1)
series v = v(-1) + nrnd
series v1 = v(-1) + 2.3 + 0.3*t - 0.5*v(-1)*(1/(1 + @exp(-2*
(v(-1) - 13)))) + nrnd
series vv1 = v1 - @mean(v1)
series y = !b1*xx1 + !b2*vv1 + 3.5 + 0.4*t + nrnd
series yy1 = y - @mean(y)
series q1 = (xx1)^2
series q2 = (xx1)^3
series q3 = (xx1)^4
series qq1 = (xx1)*vv1
series qq2 = (xx1)^2*vv1
series qq3 = (xx1)^3*vv1
equation eq1.ls yy1 c t  xx1  vv1
f1(!repc) = eq1.@ssr
equation eq2.ls yy1  c  t  xx1  vv1  q1 q2  q3  qq1  qq2  qq3
f2(!repc) = eq2.@ssr
f3(!repc) = f1(!repc) - f2(!repc)
f4(!repc) = f3(!repc)/12
f5(!repc) = f2(!repc)/(!nobs - 16)
f6(!repc) = f4(!repc)/f5(!repc)
next
smpl @first !nreps
show f6
```

第五章 第四节 中国城镇居民消费函数的趋势结构断点实证研究(R 语言)

```
data = read.csv("/Applications/chapter5.csv")
X = data[,1]
Y = data[,2]
```

```
T = data[ ,3]
##X、Y 序列的单位根检验
m1 = Y[1:39]*Y[1:39]
m2 = Y[1:39]*Y[1:39]*Y[1:39]
m3 = Y[1:39]*Y[1:39]*Y[1:39]*Y[1:39]
mod1 = lm(Y[2:40] ~ Y[1:39] + m1 + m2 + m3 - 1)
summary(mod1)
##T = >(1.071 - 1)/3.578e - 02 = [1] 1.984349
m1 = X[1:39]*X[1:39]
m2 = X[1:39]*X[1:39]*X[1:39]
m3 = X[1:39]*X[1:39]*X[1:39]*X[1:39]
mod2 = lm(X[2:40] ~ X[1:39] + m1 + m2 + m3 - 1)
summary(mod2)
##T = (1.08 - 1)/3.086e - 02 = 2.592353
##协整检验
modlinear = lm(Y ~ T + X)
summary(modlinear)
```

两个转换函数网格法

```
# Maximum and minimum values for gamma
maxGamma1 <- 5;
minGamma1 <- 0;
rateGamma1 <- (maxGamma1 - minGamma1)/20;
# Maximum and minimum values for gamma
maxGamma2 <- 5;
minGamma2 <- 0;
rateGamma2 <- (maxGamma2 - minGamma2)/20;
# Maximum and minimum values for c
minTh1 <- min(x)# percentil 10 de
maxTh1 <- max(x)# percentil 90 de
rateTh1 <- (maxTh1 - minTh1)/20;
```

```
# Maximum and minimum values for c
minTh2 <- min(x)# percentil 10 de z
maxTh2 <- max(x)# percentil 90 de z
rateTh2 <- (maxTh2 - minTh2)/20;
for(newGamma1 in seq(minGamma1,maxGamma1,rateGamma1)){
for(newGamma2 in seq(minGamma2,maxGamma2,rateGamma2)){
for(newTh1 in seq(minTh1,maxTh1,rateTh1)){
for(newTh2 in seq(minTh2,maxTh2,rateTh2)){

# We fix the linear parameters.
G1 = G(x,newGamma1,newTh1)
G2 = G(x,newGamma2,newTh2)
m1 = G1*x
m2 = G2*x
tmp <- lm(y ~ 1 + tt + x + m1 + m2)$coefficients
coef_const <- tmp[1]
coef_trend <- tmp[2]
coef_x <- tmp[3]
coef_xg1 <- tmp[4]
coef_xg2 <- tmp[5]


# Get the sum of squares
y.hat <- coef_const + coef_trend*tt + coef_x*x + coef_xg1*x*G1 + coef_
xg2*x*G2

cost <- crossprod(y - y.hat);
if(is.na(cost) == TRUE){
cost = Inf;
}
if(cost <= bestCost){
```

```
bestCost <- cost;
gamma1 <- newGamma1;
gamma2 <- newGamma2;
th1 <- newTh1;
th2 <- newTh2;
}
}
}
}
}

cat("Starting values fixed:gamma1 = ",gamma1,",gamma2 = ",gamma2,",
th1 = ",th1,",th2 = ",th2,";SSE = ",bestCost,"\n")
G1f = G(x,gamma1,th1)
G2f = G(x,gamma2,th2)
m1f = G1f* x
m2f = G2f* x
lmy <- lm(y ~ tt + x + m1f + m2f)
summary(lmy)
##非线性部分影响
year = 1980:2019
plit. screen(c(1,2))#分屏幕为左右两边
screen(1)#屏幕 1 预备输出
plot(year,G1f,type = "l",xlab = "year",ylab = "G1",main = "Plotting of G1")
screen(2)#屏幕 2 预备输出
plot(year,G2f,type = "l",xlab = "year",ylab = "G2",main = "Plotting of G2")
dev. off()
res = residuals(lmy)
modres = lm(res[2:40] ~ res[1:39] - 1)
```

第六章　第三节　中国货币需求函数趋势结构断点序列实证分析(R 语言)

```
y = data$y[1:38]
x1 = data$x1[1:38]
x2 = data$x2[1:38]
x3 = data$x3[1:38]
t = data$t[1:38]
##单位根检验
> mod1 = lm(y[2:40] ~ y[1:39] + I(y[1:39]^2) + I(y[1:39]^3) + I(y[1:39]^4) - 1)
> summary(mod1)

Call:
lm(formula = y[2:40] ~ y[1:39] + I(y[1:39]^2) + I(y[1:39]^3) +
I(y[1:39]^4) - 1)

Residuals:
Min       1Q       Median   3Q      Max
-4413.9   -821.0   -183.3   219.0   7908.5

Coefficients:
Estimate Std. Error t value Pr(>|t|)
y[1:39]          1.247e+00    1.463e-01   8.521    7.59e-10 ***
I(y[1:39]^2)    -9.891e-06    1.147e-05  -0.863    0.395
I(y[1:39]^3)     2.017e-10    2.654e-10   0.760    0.453
I(y[1:39]^4)    -1.286e-15    1.851e-15  -0.695    0.492
---
Signif. codes:  0 '***' 0.001 '**' 0.01 '*' 0.05 '.' 0.1 ' ' 1

Residual standard error:2308 on 33 degrees of freedom
(2 observations deleted due tomissingness)
Multiple R-squared:  0.9955,Adjusted R-squared:  0.995
```

```
F - statistic:1832 on 4 and 33 DF, p - value: <2.2e - 16

> (1.247e + 00 - 1)/1.463e - 01
[1] 1.688312

> mod2 = lm(x1[2:40] ~ x1[1:39] + I(x1[1:39]^2) + I(x1[1:39]^3) + I
(x1[1:39]^4) - 1)
> summary(mod2)

Call:
lm(formula = x1[2:40] ~ x1[1:39] + I(x1[1:39]^2) + I(x1[1:39]^3) +
I(x1[1:39]^4) - 1)

Residuals:
Min        1Q         Median   3Q       Max
-9.2598    -1.3435    0.1523   1.9696   11.7221

Coefficients:
Estimate Std. Error t value Pr( > |t| )
x1[1:39]          0.6778508    0.8199418   0.827    0.414
I(x1[1:39]^2)     0.1508293    0.2263825   0.666    0.510
I(x1[1:39]^3)     -0.0146167   0.0172953   -0.845   0.404
I(x1[1:39]^4)     0.0003480    0.0003914   0.889    0.380

Residual standard error:4.645 on 33 degrees of freedom
(2 observations deleted due tomissingness)
Multiple R - squared:0.6849, Adjusted R - squared:0.6467
F - statistic:17.93 on 4 and 33 DF, p - value:6.535e - 08

> (0.6778508 - 1)/0.8199418
[1] -0.3928928
```

```
> mod3 = lm(x2[2:40] ~ x2[1:39] + I(x2[1:39]^2) + I(x2[1:39]^3) + I
(x2[1:39]^4) - 1)
> summary(mod3)

Call:
lm(formula = x2[2:40] ~ x2[1:39] + I(x2[1:39]^2) + I(x2[1:39]^3) +
I(x2[1:39]^4) - 1)

Residuals:
Min       1Q       Median  3Q      Max
-660.32   -375.04  49.87   312.79  1609.52
Coefficients:
Estimate Std. Error t value Pr(>|t|)
x2[1:39]        1.052e+00    1.890e-02  55.688   <2e-16 ***
I(x2[1:39]^2)   3.285e-06    9.708e-07  3.384    0.001857 **
I(x2[1:39]^3)   -5.406e-11   1.475e-11  -3.665   0.000862 ***
I(x2[1:39]^4)   2.322e-16    6.795e-17  3.417    0.001697 **
---
Signif. codes:0 '***' 0.001 '**' 0.01 '*' 0.05 '.' 0.1 ' ' 1

Residual standard error:511.1 on 33 degrees of freedom
(2 observations deleted due tomissingness)
Multiple R-squared:0.9999, Adjusted R-squared:0.9999
F-statistic:1.056e+05 on 4 and 33 DF, p-value: <2.2e-16

> (1.052e+00  -1)/1.890e-02
[1] 2.751323

> mod4 = lm(x3[2:40] ~ x3[1:39] + I(x3[1:39]^2) + I(x3[1:39]^3) + I
(x3[1:39]^4) - 1)
> summary(mod4)
```

```
Call:
lm(formula = x3[2:40] ~ x3[1:39] + I(x3[1:39]^2) + I(x3[1:39]^3) +
I(x3[1:39]^4) - 1)

Residuals:
Min        1Q        Median     3Q        Max
-2.39820   -0.45087  -0.04313   0.45687   2.77436

Coefficients:
Estimate Std. Error t value Pr(>|t|)
x3[1:39]          1.767173   0.554206   3.189   0.00313 **
I(x3[1:39]^2)   -0.518638    0.300146   -1.728   0.09335 .
I(x3[1:39]^3)    0.093802    0.047687   1.967    0.05763 .
I(x3[1:39]^4)   -0.004911    0.002275   -2.158   0.03827 *
---
Signif. codes:0 '***' 0.001 '**' 0.01 '*' 0.05 '.' 0.1 ' ' 1

Residual standard error:1.177 on 33 degrees of freedom
(2 observations deleted due tomissingness)
Multiple R-squared:0.9637,Adjusted R-squared:0.9593
F-statistic:219 on 4 and 33 DF,p-value:<2.2e-16

>(1.767173-1)/0.554206
[1] 1.384274

##转换变量选择
>modx1 = lm(y ~ t + x1 + x2 + x3 + I(x1*x1) + I(x2*x1) + I(x3*x1) + I
(x1*x1^2) + I(x2*x1^2) + I(x3*x1^2)
+                  + I(x1*x1^3) + I(x2*x1^3) + I(x3*x1^3))
>summary(modx1)
```

```
Call:
lm(formula = y ~ t + x1 + x2 + x3 + I(x1 * x1) + I(x2 * x1) +
I(x3 * x1) + I(x1 * x1^2) + I(x2 * x1^2) + I(x3 * x1^2) +
I(x1 * x1^3) + I(x2 * x1^3) + I(x3 * x1^3))

Residuals:
Min       1Q      Median   3Q      Max
-6233.7   -425.5  -65.7    686.5   4852.0

Coefficients:
Estimate Std. Error t value Pr(>|t|)
(Intercept)   4.332e+03   5.238e+03   0.827    0.4164
t            -2.524e+02   1.450e+02  -1.741    0.0945 .
x1            1.089e+03   2.050e+03   0.531    0.6000
x2            7.076e-01   4.827e-02   14.659   1.79e-13 ***
x3           -1.404e+03   1.123e+03  -1.250    0.2233
I(x1 * x1)   -4.305e+02   2.945e+02  -1.462    0.1568
I(x2 * x1)   -3.530e-02   2.992e-02  -1.180    0.2498
I(x3 * x1)    1.789e+02   5.246e+02   0.341    0.7360
I(x1 * x1^2)  1.398e+01   1.838e+01   0.761    0.4541
I(x2 * x1^2)  7.356e-03   5.847e-03   1.258    0.2205
I(x3 * x1^2)  2.221e+01   7.262e+01   0.306    0.7623
I(x1 * x1^3)  2.863e-01   8.975e-01   0.319    0.7525
I(x2 * x1^3) -3.392e-04   2.780e-04  -1.220    0.2342
I(x3 * x1^3) -1.466e+00   2.741e+00  -0.535    0.5978
---
Signif. codes: 0 '***' 0.001 '**' 0.01 '*' 0.05 '.' 0.1 ' ' 1

Residual standard error: 2473 on 24 degrees of freedom
Multiple R-squared: 0.9927, Adjusted R-squared: 0.9888
F-statistic: 252.8 on 13 and 24 DF, p-value: < 2.2e-16
```

```
> modx2 = lm( y ~ t + x1 + x2 + x3 + I( x1 * x2) + I( x2 * x2) + I( x3 * x2) + I
( x1 * x2^2) + I( x2 * x2^2) + I( x3 * x2^2)
+                + I( x1 * x2^3) + I( x2 * x2^3) + I( x3 * x2^3) )
> summary( modx2)

Call:
lm( formula = y ~ t + x1 + x2 + x3 + I( x1 * x2) + I( x2 * x2) +
I( x3 * x2) + I( x1 * x2^2) + I( x2 * x2^2) + I( x3 * x2^2) +
I( x1 * x2^3) + I( x2 * x2^3) + I( x3 * x2^3) )

Residuals:
Min        1Q       Median    3Q     Max
-1749.0    -403.0   -152.0    89.5   3903.7

Coefficients:
Estimate Std.  Error t value Pr( > | t | )
(Intercept)    6.616e+03    6.518e+03   1.015    0.32023
t              9.801e+02    5.691e+02   1.722    0.09793 .
x1            -3.522e+02    2.493e+02  -1.413    0.17055
x2            -1.321e+00    1.067e+00  -1.239    0.22750
x3            -7.205e+01    9.630e+02  -0.075    0.94098
I(x1 * x2)     7.579e-02    2.586e-02   2.931    0.00730 **
I(x2 * x2)     4.355e-05    2.084e-05   2.090    0.04736 *
I(x3 * x2)    -7.188e-02    7.930e-02  -0.906    0.37370
I(x1 * x2^2)  -3.116e-06    6.567e-07  -4.744    7.95e-05 ***
I(x2 * x2^2)  -4.421e-10    1.816e-10  -2.434    0.02274 *
I(x3 * x2^2)   3.032e-06    1.922e-06   1.578    0.12774
I(x1 * x2^3)   2.775e-11    4.970e-12   5.583    9.58e-06 ***
I(x2 * x2^3)   1.570e-15    5.452e-16   2.879    0.00826 **
I(x3 * x2^3)  -2.709e-11    1.231e-11  -2.202    0.03754 *
---
```

```
Signif. codes:0 '***' 0.001 '**' 0.01 '*' 0.05 '.' 0.1 ' ' 1

Residual standard error:1161 on 24 degrees of freedom
Multiple R-squared:0.9984,Adjusted R-squared:0.9975
F-statistic:1154 on 13 and 24 DF,p-value: <2.2e-16

>modx3 = lm(y ~ t + x1 + x2 + x3 + I(x1 * x3) + I(x2 * x3) + I(x3 * x3) + I
(x1 * x3^2) + I(x2 * x3^2) + I(x3 * x3^2)
+                 + I(x1 * x3^3) + I(x2 * x3^3) + I(x3 * x3^3))
>summary(modx3)

Call:
lm(formula = y ~ t + x1 + x2 + x3 + I(x1 * x3) + I(x2 * x3) +
I(x3 * x3) + I(x1 * x3^2) + I(x2 * x3^2) + I(x3 * x3^2) +
I(x1 * x3^3) + I(x2 * x3^3) + I(x3 * x3^3))

Residuals:
Min       1Q       Median   3Q      Max
-5250.2   -606.0   -21.7    841.3   4788.3

Coefficients:
Estimate Std. Error t value Pr(>|t|)
(Intercept)    -2.766e+04   2.851e+04   -0.970   0.341635
t              1.049e+02    3.288e+02   0.319    0.752574
x1             -2.507e+03   2.074e+03   -1.209   0.238441
x2             8.668e-01    2.064e-01   4.200    0.000317 ***
x3             1.990e+04    2.227e+04   0.894    0.380347
I(x1 * x3)     1.456e+03    1.215e+03   1.198    0.242571
I(x2 * x3)     -1.536e-01   1.588e-01   -0.967   0.343223
I(x3 * x3)     -5.260e+03   6.097e+03   -0.863   0.396856
I(x1 * x3^2)   -2.242e+02   1.923e+02   -1.166   0.255148
```

```
I(x2*x3^2)   1.864e-02    3.978e-02   0.468    0.643673
I(x3*x3^2)   5.669e+02    6.788e+02   0.835    0.411890
I(x1*x3^3)   1.026e+01    9.118e+00   1.126    0.271484
I(x2*x3^3)   -7.895e-04   2.592e-03   -0.305   0.763255
I(x3*x3^3)   -2.125e+01   2.624e+01   -0.810   0.425834
---
Signif. codes:0 '***' 0.001 '**' 0.01 '*' 0.05 '.' 0.1 '' 1

Residual standard error:2312 on 24 degrees of freedom
Multiple R-squared:0.9937,Adjusted R-squared:0.9902
F-statistic:289.4 on 13 and 24 DF,p-value: <2.2e-16

##协整检验
>modline = lm(y ~ t + x1 + x2 + x3)
>summary(modline)

Call:
lm(formula = y ~ t + x1 + x2 + x3)

Residuals:
Min       1Q       Median   3Q      Max
-6658.7   -618.2   -28.4    578.4   5068.7

Coefficients:
Estimate Std. Error t value Pr(>|t|)
(Intercept)   705.4628    2059.4302   0.343    0.7341
t             -165.5868   97.2578     -1.703   0.0981.
x1            30.9240     126.2912    0.245    0.8081
x2            0.6608      0.0277      23.853   <2e-16 ***
x3            -300.9141   315.0608    -0.955   0.3465
---
```

```
Signif. codes:0 ‘ *** ’ 0.001 ‘ ** ’ 0.01 ‘ * ’ 0.05 ‘.’ 0.1 ‘ ’ 1

Residual standard error:2332 on 33 degrees of freedom
Multiple R - squared:0.9911,Adjusted R - squared:0.9901
F - statistic:921.8 on 4 and 33 DF,p - value: <2.2e - 16

> sse <- function(res) {
+         s =0
+         for(i in 1:length(res))
+             s = s + res[i]^2
+         return(s)
+}
> sse(modline$residuals)
1
179505471
> sse(modx2$residuals)
1
32330702
> F = (179505471 - 32330702) * 23/(32330702 * 18)
> F
[1] 5.816658

##拟合方程
> cat ( " Starting values fixed: gamma1 = " , gamma1 ," , gamma2 = " , gamma2," ,th1 = " ,th1," ,th2 = " ,th2,
+          " ;SSE = " ,bestcost," \n" )
Starting values fixed: gamma1 = 100, gamma2 = 100, th1 = 109107.4, th2 = 59771.22;SSE = 38889932
> ##最终拟合
> G1 = G(x2,gamma1,th1)
> G2 = G(x2,gamma2,th2)
```

```
> modlast <- lm(y ~ t + x1 + x2 + x3 + I(G1 * x1) + I(G1 * x2) + I(G1 * x3)
+ I(G2 * x1) + I(G2 * x2) + I(G2 * x3))
> summary(modlast)

Call:
lm(formula = y ~ t + x1 + x2 + x3 + I(G1 * x1) + I(G1 * x2) +
I(G1 * x3) + I(G2 * x1) + I(G2 * x2) + I(G2 * x3))

Residuals:
Min        1Q       Median   3Q      Max
-1647.5    -507.5   0.0      291.3   4194.4

Coefficients:
Estimate Std. Error t value Pr(>|t|)
(Intercept)   9.114e+02    1.107e+03   0.823    0.41764
t            -6.691e+01    8.059e+01  -0.830    0.41367
x1            7.583e+01    6.888e+01   1.101    0.28064
x2            6.060e-01    4.752e-02   12.752   6.10e-13 ***
x3           -4.175e+02    1.769e+02  -2.360    0.02573 *
I(G1 * x1)    9.228e+03    2.939e+03   3.140    0.00407 **
I(G1 * x2)    7.450e-01    1.168e-01   6.379    7.85e-07 ***
I(G1 * x3)   -5.393e+04    8.828e+03  -6.108    1.59e-06 ***
I(G2 * x1)   -1.434e+03    2.817e+02  -5.091    2.38e-05 ***
I(G2 * x2)   -2.472e-01    5.245e-02  -4.714    6.58e-05 ***
I(G2 * x3)    8.948e+03    1.486e+03   6.020    2.01e-06 ***
---
Signif. codes: 0 '***' 0.001 '**' 0.01 '*' 0.05 '.' 0.1 ' ' 1

Residual standard error: 1200 on 27 degrees of freedom
Multiple R-squared: 0.9981, Adjusted R-squared: 0.9974
F-statistic: 1402 on 10 and 27 DF, p-value: < 2.2e-16
```

参考文献

一、英文部分

[1] Arai Y., Kurozumi E., 2007, Testing for the Null Hypothesis of Cointegration with a Structural Break [J]. Econometric Reviews, 26 (6): 705-739.

[2] Bai Perron, Balke N. S., Fomby T. B., 1997, Threshold Cointegration [J]. International Econmomic Review 38: 627-645.

[3] Bühlmann P. Sieve Bootstrap for Time Series [J]. Bernoulli, 1997, 3 (2): 123-148.

[4] Campos J., Ericsson N. R., Hendry D. F., 1996, Cointegration tests in the Presence of Structural Breaks [J]. Journal of Econometrics, 70: 187-220.

[5] Carrion-i-Silvestre J. L., Kim D., Perron P., 2009, GLS-Based Unit Root Tests With Multiple Structural Breaks Under Both the Null and the Alternative Hypotheses [J]. Econometric Theory, 25 (6): 17-54.

[6] Cavaliere G., Harvey D. I., Leybourne S. J., & Taylor, A. M. R., 2011, Testing for Unit Roots in the Presence of a Possible Break in Trend and Nonstationary Volatility [J]. Econometric Theory, 27 (5): 957-991.

[7] Cavaliere G., Harvey D. I., Leybourne S. J., & Taylor A. M. R., 2015, Testing for Unit Roots Under Multiple Possible Trend Breaks and Non-stationary Volatility Using Bootstrap Minimum Dickey-Fuller Statistics [J]. Journal of Time Series Analysis, 36 (5): 603-629.

[8] Choi I., Saikkonen P., 2004, Testing Linearity in Cointegration Smooth Transition Regressions [J]. Econometrics Journal, 7: 341-365.

[9] Davidson J., Monticini A., 2010, Tests for Cointegration with Structural Breaks Based on Subsamples [J]. Computational Statistics and Data Analy-

sis, 54: 2498 -2511.

[10] Davidson R, Mackinnon J G. The Size Distortion of Bootstrap Tests [J]. Econometric Theory, 1999, 15: 361 -376.

[11] Davison AC, Hinkley DV. Bootstrap Methods and Their Application [M]. Cambridge: Cambridge University Press, 1997.

[12] Diebold FX, Chen C. Testing Structural Stability with Endogenous Breakpoint A Size Comparison of Analytic and Bootstrap Procedures [J]. Journal of Econometrics, 1996, 70 (1): 221 -241.

[13] Dijk D. V., Franses P H, 1999, Modeling Multiple Regimes in the Business Cycle [J]. Macroeconomic Dynamics, 3: 311 -340.

[14] Efron B. Bootstrap Methods: Another Look at the Jackknife [J]. The Annals of Statistics, 1979, 7: 1 -26.

[15] Efron B. The Jackknife, the Bootstrap, and Other Resampling Plans [M]. Society for Industrial and Applied Mathematics, 1982.

[16] Enders W., Granger C. W. J., 1998, Unit - root Tests and Asymmetric Adjustment with an Example Using the Term Structure of Interest Rates [J]. Journal of Business and Economic Statistics, 16: 304 -464.

[17] Engle R., Granger C. W. J., 1987, Cointegration and Error Correction: Representation Estimation and Testing [J]. Econometrica, 55 (2): 251 -276.

[18] Grange C. W. J., Teräsvirta T., 1993, Modelling Nonlinear Economic Relationships [M]. Oxford University Press.

[19] Gregory A. W., Hansen B. E., 1996a, Residual - Based Tests for Cointegration in Models with Regime Shifts [J]. Journal of Econometrics, 70 (1): 99 -126.

[20] Gregory A. W., Hansen B. E., 1996b, Tests for Cointegration in Models with Regime and Trend Shifts [J]. Oxford Bullet in Economics and Statistics, 58 (3): 555 -560.

[21] Hall P, Horowitz JL. Bootstrap Critical Values for Tests Based on Generalized Method of Moments Estimators [J]. Econometrica. 1996, 64 (4): 891 -916.

[22] HallP. The Bootstrap and Edgeworth Expansion [M]. New York: Springer, 1992.

[23] Hansen B. E., Seo B., 2002, Testing for Two - Regime Threshold Cointegration in Vector Error Correction Models [J]. Journal of Econometrics, 110 (2): 293 - 318.

[24] Hansen P. R., 2003, Structural Changes in the Cointegrated Vector Autoregressive Model [J]. Journal of Econometrics, 114: 261 - 295.

[25] Harvey D. I., Leybourne S. J., & Taylor A. M. R., 2012, Unit Root Testing Under a Local Break in Trend [J]. Journal of Econometrics, 167 (1): 140 - 167.

[26] Harvey D. I., Leybourne S. J., Taylor A. M. R., 2013, Testing for Unit Roots in the Possible Presence of Multiple Trend Breaks Using Minimum Dickey - Fuller Statistics [J]. Journal of Econometrics, 177 (2): 265 - 284.

[27] Hatemi - J A., 2008, Tests for Cointegration with Two Unknown Regime Shifts with an Application to Financial Market Integration [J]. Empirical Economics, 35 (3): 497 - 505.

[28] Hepsay A., 2019, Testing for Cointegration in Nonlinear Asymmetric Smooth Transition Error Correction Models, https://doi.org/10.1080/03610918.2018.1999927.

[29] Hoglund R., Ostermark R., 2003, Size and Power of Some Cointegration Tests Under Structural Breaks and Heteroskedastic Noise [J]. Statistical Paper, 44: 1 - 22.

[30] Johansen S., 1991, Estimation and Hypothesis Testing of Cointegration Vectors in Gaussian Vector Autoregressive Models [J]. Econometrica, 59: 1551 - 1580.

[31] Johansen S., 1995, Identifying Restrictions of Linear Equations with Applications to Simultaneous Equations and Cointegration [J]. Journal of Econometrics, 69 (1): 111 - 132.

[32] Johansen S., Mosconi R., Nielsen B., 2000, Cointegration Analysis in the Presence of Structural Breaks in the Deterministic Trend [J]. The Econometrics Journal, 3 (2): 216 - 249.

[33] Jushan B., Perron P., 1998, Estimating and Testing Linear Models with Multiple Structure Changes [J]. Economitrica, 66: 47-78.

[34] Kapetanios G., Shin Y., Snell A., 2006, Testing for Cointegration in Nonlinear Smooth Transition Error Correction Models [J]. Econometris Theory, 22: 279-303.

[35] Kilic R., 2011, Testing for Cointegration and Nonlinear Adjustment in a smooth transition error correction model [J]. Journal of Time Series Analysis, 32: 647-660.

[36] Koop G., Pesaran M. A., Potter S. M., 1996, Impulse Response Analysis in Nonlinear Multivariate Models [J]. Journal of Econometrics, 74: 119-147.

[37] Kristensen D., Rahbek A., 2013, Testing and Inference in Nonlinear Cointegrating Vector Error Correction Models [J]. Econometric Theory, Cambridge, 29 (6): 1238-1288.

[38] Lahiri SN. Comparison of Block Bootstrap Methods [M]. Resampling Methods for Dependent Data. 2003.

[39] Lee, J., Strazecich, M, 2003, Minimum Lagrange Multiple Unit Root Test with Two Structural Breaks [J]. Review of Economics and Statistics, 85: 1082-1089.

[40] Lumsdaine R. L., Papill D. H., 1997, Multiple Trend Breaks and the Unit Root Hypothesis [J]. Review of Economics and Statistics, 79: 212-218.

[41] Lütkepohl H., Saikkonen P., Trenkler C., 2004, Testing for the Cointegrating Rank of a VAR Progress with Level Shift at Unknown Time [J]. Econometrica; Evanston, 72 (2): 647-662.

[42] Maki D., 2006, Non-Linear Adjustment in the Term Structure of Interest Rates: a Cointegration Analysis in the Non-Linear Star Framework [J]. Applied Financial Economics, 16: 1301-1307.

[43] Maki D., 2010, An Alternative Procedure to Test for Cointegration in STAR models [J]. Mathematics and Computers in Simulation, 80: 999-1006.

[44] Park J. Y., Phillips P. C. B., 1999, Asymptotics for Nonlinear Transformations of Integrated Time Series [J]. Econometric Theory, 15: 269-298.

[45] Park J. Y. , Phillips P. C. B. , 2001, Nonlinear Regressions with Integrated Time Series [J]. Econometrica, 69 (1): 117 -161.

[46] Park J. Y. , Shintani M. , 2016, Testing for a Unit Root Against Transitional Autoregressive Models [J]. International Economic Review, 57 (2): 635 -664.

[47] Perron P. , 1989, *The Great Crash, the Oil Price Shock, and the* Unit Root Hypothesis [J]. Econometrica, 57 (6): 1361 -1401.

[48] Perron P. , 1997, Further Evidence on Breaking Trend Functions in Macroeconomic Variables [J]. Journal of Econometrics, 80 (2): 355 -385.

[49] Psaradakis P. , Sola M. , Spagnolo F. , 2004, On Markov Error - Correction Models with an Application to Stock Prices and Dividends [J]. Journal of Applied Econometrics, 19 (1): 69 -88.

[50] Saikkonen P. , Lütkepohl H. , 2000, Testing for the Ccointegrating Rank of a VAR Pocess with a Time Trend [J]. Journal of Econometrics, 95 (1): 177 -198.

[51] Saikkonen P. , Choi I. , 2004, Cointegrating Smooth Transition Regressions [J]. Econometric Theory, 20 (2): 301 -340.

[52] Sandberg R. , 2016, Trends, Unit Roots, Structural Changes, and Time - varying Asymmetries in U. S. Macroeconomic Data: the Stock and Watson Data Re - Examined [J]. Economic Modelling, 1: 699 -713.

[53] Sandberg R. , 2018, Unit Root Testing in Multiple Smooth Break Models with Nonlinear Dynamics [J]. Journal of Time Series Analysis, 6: 942 -952.

[54] Shao J, Tu D. The Jackknife and Bootstrap [M]. New York: Springer - Verlag Inc, 1995.

[55] Skalin J. , Teräsvirta T. , 2002, Modeling Asymmetries and Moving Equilibria in Unemployment Rates [J]. Macroeconomic Dynamics, 6 (2): 202 - 241.

[56] Teräsvirta T. , 1998, Modelling Economic Relationships with Smooth Transition Regressions [M]. Handbook of Applied Economic Statistics, New York, Marcel Dekker.

[57] Westerlund J. , Edgerton D. L. , 2007, New Improved Tests for Coin-

tegration with Structural Breaks [J]. Journal of Time Series Analysis, 28 (2): 188 - 224.

[58] Wu CFJ. Jackknife, Bootstrap and Other Resampling Methods in Regression Analysis [J]. Annals of Statistics, 1986, 14 (4): 1261 - 1295.

[59] Zivot, E., Andrews D. W. K., 1992, Further Evidence on the Great Crash, the Oil Price Shock, and the Unit Root Hypothesis [J]. Journal of Business and Ecomomic Statistics, 10: 251 - 271.

二、中文部分

[1] 丁东洋，周丽莉．基于 LSTAR 模型的非线性协整检验 [J]. 统计与信息论坛，2012 (9): 20 - 25.

[2] 陆懋祖．高级时间序列经济计量学 [M]. 北京：清华大学出版社，2015.

[3] 南士敬，赵春艳，刘希章．基于 Wild Bootstrap in ST - ECM 模型的协整检验问题研究 [J]. 数量经济技术经济研究，2018 (4): 32 - 37.

[4] 南士敬，赵春艳，吴建銮．基于参数空间的 ST - ECM 模型协整检验问题研究 [J]. 数量经济技术经济研究，2016 (7): 145 - 161.

[5] 赵梦楠，周德群．中国煤炭消耗与经济增长的结构变化及因果关系研究 [J]. 价格月刊，2008 (9): 32 - 37.

[6] 赵春艳．平滑转换自回归模型的平稳性问题研究 [J]. 数量经济技术经济研究，2012 (1): 152 - 160.

[7] 范剑青，姚琦伟．非线性时间序列：建模、预报及应用 [M]. 北京：高等教育出版社，2005.

[8] 赵春艳．平滑转换自回归模型理论与应用研究 [M]. 北京：清华大学出版社，2015.

[9] 赵春艳．平滑转换自回归模型的单位根检验问题研究 [J]. 统计研究，2011 (6): 103 - 108.

[10] 赵春艳，文新雷．非线性时间序列计量经济学研究新进展 [J]. 统计与决策，2020 (21): 32 - 37.

[11] 陈强．高级计量经济学及 stata 应用 [M]. 北京：高等教育出版社，2014.

[12] 严方笠．基于 Bootstrap 的季节时间序列模型检验方法及应用研究 [D]. 西安：西安交通大学，2020.